O coordenador pedagógico e o cotidiano da escola

Leitura indicada

1. O coordenador pedagógico e a educação continuada
2. O coordenador pedagógico e a formação docente
3. O coordenador pedagógico e o espaço da mudança
4. O coordenador pedagógico e o cotidiano da escola
5. O coordenador pedagógico e questões da contemporaneidade
6. O coordenador pedagógico e os desafios da educação
7. O coordenador pedagógico e o atendimento à diversidade
8. O coordenador pedagógico: provocações e possibilidades de atuação
9. O coordenador pedagógico e a formação centrada na escola
10. O coordenador pedagógico no espaço escolar: articulador, formador e transformador
11. O coordenador pedagógico e o trabalho colaborativo na escola
12. O coordenador pedagógico e a legitimidade de sua atuação
13. O coordenador pedagógico e seus percursos formativos
14. O coordenador pedagógico e questões emergentes na escola
15. O coordenador pedagógico e as relações solidárias na escola
16. O coordenador pedagógico e os desafios pós-pandemia
17. O coordenador pedagógico e seu desenvolvimento profissional na educação básica

O coordenador pedagógico e o cotidiano da escola

**Vera Maria Nigro de Souza Placco
Laurinda Ramalho de Almeida**
ORGANIZADORAS

Ana Archangelo
Cecília Hanna Mate
Eliane Bambini Gorgueira Bruno
Francisco Carlos Franco
Luiza Helena da Silva Christov
Luzia Angelina Marino Orsolon
Marili M. da Silva Vieira

Marli Eliza Dalmazo Afonso de André
Moacyr da Silva
Otília Maria Lúcia Barbosa Seiffert
Paulo César Geglio
Sylvia Helena Souza da Silva Batista
Vera Lucia Trevisan de Souza

Placco, Vera Maria Nigro de Souza e Almeida, Laurinda
Ramalho de (org.).
O coordenador pedagógico e o cotidiano da escola.
São Paulo: Edições Loyola, 2010.
ISBN 978-85-15-02792-7

1. Educação – Brasil. 2. Coordenação Pedagógica – Brasil;
3. Formação de Professores – Brasil.

1ª edição: 2003
8ª edição: 2011

Conselho editorial:
Abigail Alvarenga Mahoney
Emilia Freitas de Lima
Idméa Semeghini Prospero Machado de Siqueira
Laurinda Ramalho de Almeida
Melania Moroz
Vera Maria Nigro de Souza Placco

Preparação: Iranildo B. Lopes
Capa: Amanda Ap. Cabrera
Ronaldo Hideo Inoue
Diagramação: Miriam de Melo Francisco
Revisão: Maurício Balthazar Leal

Edições Loyola Jesuítas
Rua 1822 nº 341 – Ipiranga
04216-000 São Paulo, SP
T 55 11 3385 8500/8501, 2063 4275
editorial@loyola.com.br
vendas@loyola.com.br
www.loyola.com.br

Todos os direitos reservados. Nenhuma parte desta obra pode ser reproduzida ou transmitida por qualquer forma e/ou quaisquer meios (eletrônico ou mecânico, incluindo fotocópia e gravação) ou arquivada em qualquer sistema ou banco de dados sem permissão escrita da Editora.

ISBN 978-85-15-02792-7

8ª edição: 2011

© EDIÇÕES LOYOLA, São Paulo, Brasil, 2003

Sumário

Apresentação 7

O cotidiano escolar, um campo de estudo 9
Marli André

Um dia na vida de um coordenador pedagógico de escola pública 21
Laurinda Ramalho de Almeida

O coordenador pedagógico no confronto com o cotidiano da escola ... 47
Vera Maria Nigro de Souza Placco

Garota interrompida: metáfora a ser enfrentada 61
Luiza Helena da Silva Christov

Desejo e condições para mudança no cotidiano
de uma coordenadora pedagógica 71
Eliane Bambini Gorgueira Bruno

O coordenador pedagógico e os sentimentos envolvidos
no cotidiano 83
Marili M. da Silva Vieira

O coordenador pedagógico e o atendimento à diversidade 93
Vera Lucia Trevisan de Souza

O papel do coordenador pedagógico na formação
do professor em serviço 113
Paulo César Geglio

O coordenador pedagógico e o cotidiano do Ginásio Vocacional 121
Moacyr da Silva

O coordenador pedagógico e o entendimento da instituição 135
Ana Archangelo

O coordenador pedagógico e as relações de poder na escola 145
Cecília Hanna Mate

O coordenador pedagógico e a avaliação da aprendizagem:
buscando uma leitura interdisciplinar 153
Sylvia Helena Souza da Silva Batista
Otília Maria Lúcia Barbosa Seiffert

A indisciplina na escola e a coordenação pedagógica 167
Francisco Carlos Franco

Trabalhar com as famílias: uma das tarefas da coordenação 177
Luzia Angelina Marino Orsolon

Apresentação

Eis o quarto volume de *O coordenador pedagógico*, cujo lançamento vem fortalecer o canal de comunicação que abrimos com os coordenadores pedagógicos e demais educadores, em 1998, por intermédio de *O coordenador pedagógico e a educação continuada* (hoje em sua 6ª edição), e que intensificamos com *O coordenador pedagógico e a formação docente* (publicado em 2000 e hoje na 4ª edição) e *O coordenador pedagógico e o espaço da mudança* (publicado em 2001 e hoje na 2ª edição).

Nosso propósito continua sendo o de socializar nossas reflexões, nossos achados, nossos questionamentos, nossas esperanças, nosso compromisso com a melhoria da prática dos coordenadores pedagógicos, com a melhoria da educação brasileira.

Acreditamos que, ao focalizar o cotidiano escolar, mostrando alguns dos desafios que os coordenadores enfrentam no dia a dia, bem como identificando seus movimentos e processos e revelando nossa compreensão de como esses profissionais crescem e se desenvolvem na rede de relações que permeiam a vida da escola, estamos nos tornando seus parceiros. E esperamos que a concretização dessa parceria, além de aprofundar nossa compreensão de suas ações, amplie e aprofunde também a compreensão que os próprios coordenadores têm de seu trabalho.

São Paulo, julho de 2003
VERA MARIA NIGRO DE SOUZA PLACCO
LAURINDA RAMALHO DE ALMEIDA

O cotidiano escolar, um campo de estudo

Marli André*
marliandre@pucsp.br

Introdução

O presente texto procura mostrar a importância de estudos voltados para o cotidiano escolar. Na primeira parte, indica que é na década de 1980, juntamente com o crescimento dos estudos denominados qualitativos, que fica mais evidente o interesse pelas questões do cotidiano escolar. Na segunda parte, adverte que o conceito de cotidiano escolar tem sido empregado num sentido muito limitado, como lugar de coleta de dados, e argumenta ser necessário considerá-lo uma categoria teórica, por meio da qual se vai conhecer as especificidades da experiência escolar diária. Enfatiza, na terceira parte, a importância dos estudos sobre o cotidiano escolar para desvendar a dinâmica das relações sociais que configuram a vida escolar. Finalmente, sugere que se use a pesquisa do tipo etnográfico para investigar as situações do cotidiano, levando em conta pelo menos quatro dimensões inter-relacionadas: subjetiva, institucional, instrucional e sociopolítica.

---

* Professora doutora do Programa de Estudos Pós-graduados em Educação: Psicologia da Educação da PUC-SP.

Origens dos estudos sobre o cotidiano

A emergência de estudos que "se debruçam sobre o cotidiano escolar e sobre a questão da produção do conhecimento no âmbito da escola" foi apontada por Mirian Warde (1992, p. 25) como uma das tendências da pesquisa educacional "de meados da década de 80 para cá".

O interesse pelo estudo das situações, práticas e relações que constituem a experiência escolar diária acompanha a própria história da abordagem qualitativa de pesquisa em educação. E não poderia ser diferente, já que a questão do cotidiano integra os pressupostos da fenomenologia e das correntes a ela associadas, como a etnometodologia, o interacionismo simbólico e a etnografia, que estão associadas às origens da abordagem qualitativa de pesquisa. A fenomenologia enfatiza os aspectos subjetivos do comportamento humano e os sentidos que os sujeitos atribuem aos acontecimentos e às interações sociais que ocorrem em sua vida diária. A etnometodologia propõe-se a estudar os métodos que os indivíduos usam no seu dia a dia para entender e construir a realidade que os cerca. O interacionismo simbólico destaca a importância das interações sociais na constituição do sujeito e na construção do conhecimento. A etnografia tem como principal preocupação o estudo da cultura, um sistema complexo de significados que as pessoas usam em cada sociedade para organizar seu comportamento, para entender os outros e a si mesmas e para dar sentido ao mundo em que vivem.

Fundamentada nesses pressupostos, a abordagem qualitativa de pesquisa, na área de educação, privilegia análises microestruturais, compreensíveis e fenomenológicas das experiências cotidianas de grupos ou indivíduos em situação de interação. Estudar o cotidiano escolar, nessa perspectiva, significa, pois, estudar as interações sociais dos sujeitos no ambiente natural em que ocorrem. Daí a importância do estudo das práticas escolares cotidianas, porque elas podem revelar as formas particulares com que cada sujeito percebe e interpreta a realidade, ou seja, os seus processos de atribuição de significado, que se revelam por meio da linguagem e de outras formas de comunicação, tendo em conta o contexto específico em que são produzidas.

O cotidiano escolar como categoria teórica

É preciso reconhecer que a fenomenologia e as correntes dela derivadas constituem uma das possíveis perspectivas de análise do cotidiano, havendo ainda as alternativas inspiradas no pensamento marxista, como, por exemplo, as de Heller (1972) Lefebvre (1991) e Kosik (1976), ou as pós-modernas, como a de Maffesoli (1998).

O que parece importante ressaltar é que se procure estudar o cotidiano sob determinado ponto de vista teórico, fato que não parecia muito evidente aos pesquisadores da área de educação dez anos atrás. Ao comentar as tendências da pesquisa em educação dos anos 1980 para cá, Warde (1992, p. 25-26) aponta algumas preocupações com os estudos sobre o cotidiano escolar:

> Quanto à terceira tendência [a dos estudos sobre o cotidiano escolar], manifesto boas expectativas, dado que ela nasce com o intento de se reportar à escola sem a mediação do Estado. No entanto, nela vem se desenvolvendo algo que imputo e que pode torná-la presa fácil da velha e sempre florescente característica das teorizações e das pesquisas em educação. Refiro-me a certo menosprezo aos rigores conceituais, que a deixam um tanto sujeita ao empirismo (melhor seria dizer sujeita a certo confusionismo entre sujeito e objeto da investigação); isso de um lado, porque de outro percebo também certo menosprezo a questões epistemológicas de fundo, quando do trato do processo de construção do conhecimento no âmbito da escola.

Muitos estudos produzidos até meados da década de 1990 e classificados pelos próprios autores como qualitativos ou etnográficos consistiam em mero relato de dados coletados em campo, sem um questionamento sobre sua origem, o contexto específico em que eram produzidos, seu significado naquele momento histórico, seus condicionantes e suas implicações. O que parecia faltar a esses estudos era justamente um suporte teórico para orientar a análise. O autor coletava grande quantidade de dados e parecia esperar que, por si só, eles produzissem alguma teoria. Mas é evidente que, sem um referencial que permita reconstruir esses dados, não há avanço teórico, pois fica-se na constatação do óbvio, no aparente, na primeira impressão. Daí a necessidade de que se faça um esforço para construir teoricamente a categoria "cotidiano escolar", para que se avance no conhecimento do que constitui a vida escolar cotidiana ou para que se possa entender o processo de construção cultural de cada escola. Sem isso, corre-se o risco de tomar as propostas de autores como Heller, Lefebvre, Kosik, que falam do cotidiano em geral, para tentar aplicá-las de forma dedutiva na análise da escola; ou então, por falta de um questionamento profundo das categorias que emergem da vida escolar cotidiana, tomar o concreto empírico como se fosse o real. No primeiro caso, teríamos análises genéricas, impostas de fora para dentro; no segundo caso, afirmações superficiais, muito próximas do senso comum.

Pensando no caminho a ser seguido para uma abordagem teórica do cotidiano, antes de tudo deve-se evitar problemas já detectados, como a apresentação dos dados em sua manifestação primeira, ou seja, evitar fazer mera descrição dos elementos que compõem o cotidiano ou apresentar as falas dos entrevistados como se fossem "a versão definitiva da verdade" (Fonseca, 1999). Mais do que isso, é preciso analisar, em profundidade, os elementos que constituem o cotidiano, buscando, por meio de um referencial teórico, compreender e interpretar os sujeitos e as situações; os episódios comuns e os inusitados; as falas, as expressões, as manifestações escritas dos atores escolares; no contexto em que foram gerados, à luz das circunstâncias específicas em que foram produzidos. Para proceder a uma análise consistente, o pesquisador vai ter de se apoiar num referencial teórico que tanto o ajude a definir os pontos críticos (ou categorias, ou eixos, ou núcleos temáticos) na fase de definição do problema como o oriente ao longo da coleta de dados, na revisão das categorias e na sua reestruturação.

Importância dos estudos sobre o cotidiano escolar

O interesse pelas questões do cotidiano escolar acompanha justamente o crescimento da pesquisa do tipo etnográfico, que se tornou muito popular na década de 1980, quando surgiram muitos trabalhos com a intenção de descrever as atividades de sala de aula e as representações dos atores escolares. Muitos desses trabalhos utilizavam o conceito de cotidiano escolar num sentido muito estreito — lugar de coleta, fazendo com que se tivesse estudos no cotidiano escolar e não sobre o cotidiano.

Investigar as especificidades do cotidiano escolar é tarefa das mais urgentes, para tentarmos compreender, por exemplo, como os atores escolares se apropriam das normas oficiais, dos regulamentos, das inovações; que peso têm as relações sociais na aceitação ou na resistência a essas normas; que processos são gerados no dia a dia escolar para responder às demandas das políticas educacionais, aos anseios das famílias e aos desafios do ensino na sala de aula. O conhecimento advindo dessas questões é fundamental para a definição de políticas públicas, para a gestão dos sistemas educativos e para a formação de educadores.

O sujeito é o centro da vida cotidiana. É um sujeito histórico, inserido num tempo e num espaço e como tal determinado pelo momento histórico, mas é, ao mesmo tempo, um sujeito ativo, dotado de razão e de vontade e como tal ator e produtor desse momento histórico. Ao longo dos processos de integração social na família, na escola, no trabalho e nos grupos a que pertence, o sujeito vai construindo a visão de si mesmo e da realidade que o cerca: pensa, age, sente, comunica ao outro os seus conhecimentos e sentimentos. O sujeito é capaz, portanto, de objetivar-se; transforma-se enquanto transforma o ambiente imediato e objetiva-se enquanto interage, por meio dos significados. É fundamental, portanto, que se procure investigar os significados atribuídos pelo sujeito às ações, práticas e relações que são forjadas na vida cotidiana.

Estudos voltados ao cotidiano escolar são fundamentais para se compreender como a escola desempenha o seu papel socializador, na veiculação seja dos conteúdos curriculares, seja das crenças e dos valores que perpassam as ações, interações, rotinas e relações sociais que caracterizam o cotidiano da experiência escolar.

Esse processo de socialização, no entanto, não é tão determinístico como se poderia imaginar. Da mesma maneira como a realidade social se configura contraditória, expressando em seu cotidiano uma correlação de forças entre classes sociais, a escola, como constitutiva dessa práxis, vê refletidas no seu dia a dia todas essas e outras contradições sociais.

É captando o movimento que configura essa dinâmica de trocas, de relações entre os sujeitos, que por sua vez reflete os valores, símbolos e significados oriundos das diferentes instâncias socializadoras, que se pode visualizar melhor como a escola participa do processo de socialização dos sujeitos que são, ao mesmo tempo, determinados e determinantes. Todo esse processo se materializa no cotidiano, quando o indivíduo se coloca na dinâmica de criação e recriação do mundo.

Neste sentido, parece fundamental o estudo da atividade humana na sua manifestação mais imediata que é o existir e o fazer cotidianos. É compreendendo esse momento da ação que é possível compreender, não de forma dedutiva, mas de forma crítica e reflexiva, o momento maior da reprodução e da transformação social da realidade.

É nessa perspectiva que se situa a importância do estudo do cotidiano escolar. O dia a dia da escola é o momento de concretização de uma série de pressupostos subjacentes à prática pedagógica, ao mesmo tempo em que é o momento e o lugar da experiência de socialização, que envolve todos os atores escolares.

Conhecer a realidade concreta desses encontros desvenda, de alguma forma, a função de socialização não manifesta da escola, ao mesmo tempo em que indica alternativas para que essa função seja concretizada da maneira mais dialética possível.

A vida cotidiana da escola se constrói mediante múltiplos processos — os sujeitos que atuam em cada instituição se organizam, estabelecem relações, reagem de forma muito particular diante das normas do sistema educativo e aos desafios que enfrentam no seu dia a dia, "fabricando" um cotidiano próprio. Conhecer como cada instituição se apropria das normas do sistema educativo e como reage diante dos desafios cotidianos, investigar as formas de relação estabelecidas, os mecanismos de apropriação ou resistência, as "saídas" encontradas é tarefa das mais relevantes.

Como desenvolver estudos sobre o cotidiano escolar

A pesquisa do tipo etnográfico parece ser uma das alternativas mais adequadas para investigar o cotidiano escolar. Por meio das técnicas etnográficas de observação participante e de entrevistas intensivas e de um contato direto do pesquisador com a situação pesquisada, torna-se possível reconstruir os processos e as relações que configuram a experiência escolar diária.

A pesquisa do tipo etnográfico permite documentar o não documentado, isto é, desvelar os encontros e desencontros que permeiam o dia a dia da prática escolar, descrever as ações e representações dos seus atores sociais, reconstruir sua linguagem, suas formas de comunicação e os significados que são criados e recriados no cotidiano do seu fazer pedagógico.

Esse tipo de pesquisa nos ajuda a chegar mais perto da escola para tentar entender como operam, no seu dia a dia, os mecanismos de dominação e resistência, de apropriação e rejeição, ao mesmo tempo em que são veiculados e reelaborados conteúdos, atitudes, valores, modos de ver e sentir a realidade e o mundo.

Conhecer a escola mais de perto significa colocar uma lente de aumento na dinâmica das relações e interações que constituem o seu dia a dia, apreendendo as forças que a impulsionam ou retêm, identificando as estruturas de poder e os modos de organização do trabalho pedagógico e compreendendo o papel e a atuação de cada sujeito nesse complexo interacional em que ações são — ou não — implementadas e relações são estabelecidas e modificadas.

Essa visão de escola como espaço social em que ocorrem movimentos de aproximação e de afastamento, onde se produzem e reelaboram conhecimentos, valores e significados, vai exigir o rompimento com uma visão de cotidiano estática, repetitiva, disforme, para considerá-lo, segundo Giroux (1986), um terreno cultural caracterizado por vários graus de acomodação, contestação e resistência, uma pluralidade de linguagens e objetivos conflitantes.

Nesse sentido, o estudo da prática escolar não pode se restringir a mero retrato do que se passa no seu cotidiano, mas deve envolver um processo de reconstrução dessa prática, desvelando suas múltiplas dimensões, refazendo seu movimento, apontando suas contradições, recuperando a força viva que nela está presente. Para isso é necessário definir uma perspectiva teórica que ajude a captar esse dinamismo e que oriente sua análise e interpretação.

Para que se possa apreender o dinamismo próprio da vida escolar, é preciso estudá-la a partir de pelo menos quatro dimensões intimamente ligadas: a) subjetiva/pessoal, b) institucional/organizacional, c) instrucional/relacional e d) sociopolítica. Essas dimensões não podem ser consideradas isoladamente, mas como uma unidade de múltiplas inter-relações, por meio das quais se procura compreender as relações sociais expressas no cotidiano escolar.

A dimensão subjetiva abrange a história de cada sujeito, manifesta no cotidiano escolar, pelas suas formas concretas de representação social, por meio das quais ele age, se posiciona, se aliena, se comunica. Daí a importância de se estudar o indivíduo em dada situação socializadora, isto é, verificar como se concretizam, no dia a dia escolar, os valores, sentidos e significados produzidos pelos sujeitos.

O cotidiano escolar aponta para um número variado de papéis assumidos por seus sujeitos enquanto institucionalmente eles são definidos como "professor", "aluno", "coordenador pedagógico", "diretor", "assistente de direção". Entretanto, é sabido também que, numa interação efetiva, nem sempre o que parece ser o é realmente. Há situações de dominação claras e legitimadas, reprodutoras do conjunto de determinações sociais, mas existem, também, as vivências subjetivas. Isso quer dizer que, ao assumir determinados papéis, os sujeitos podem num nível representar papéis e num outro ser elementos de denúncia e o próprio motor da dialética.

O estudo da dimensão subjetiva vai requerer um contato com os sujeitos, em situações formais ou informais de entrevistas — individuais ou coletivas —, de modo que lhes permitam expressar opiniões, pontos de vista, concepções e representações. A dimensão subjetiva tem estreita relação com os aspectos institucionais e instrucionais, e sua análise estará sempre voltada a uma ou outra dessas dimensões.

A dimensão institucional ou organizacional envolve os aspectos referentes ao contexto da prática escolar: formas de organização do trabalho pedagógico, estruturas de poder e de decisão, níveis de participação dos seus agentes, disponibilidade de recursos humanos e materiais, enfim toda a rede de relações que se forma e transforma no acontecer diário da vida escolar.

A configuração que vai assumir o contexto escolar é decisiva, pois ela afeta diretamente a forma de organização do ensino na sala de aula. Por outro lado, essa configuração vai ser grandemente afetada por determinações do social mais amplo, com o qual esse contexto se articula. Por exemplo, pode haver influências mais indiretas, como as políticas educacionais, as pressões e expectativas dos pais e da população com respeito à educação escolar; ou mais diretas, como a posição de classe, a bagagem cultural e os valores da cada sujeito que faz parte desse contexto. A dimensão institucional age, assim, como um elo de ligação entre a práxis social mais ampla e aquilo que ocorre no interior da escola.

Seu estudo vai exigir, então, um contato direto com a direção da escola, com o coordenador pedagógico e com os demais técnicos, com o pessoal administrativo, com os docentes, alunos e com o pessoal de apoio, por meio de entrevistas individuais ou coletivas ou mesmo de conversas informais, um estudo das representações dos atores escolares, além de um acompanhamento das reuniões e atividades escolares. Vai exigir também uma análise da documentação que afeta direta ou indiretamente o funcionamento da escola.

A dimensão instrucional ou pedagógica abrange as situações de ensino, nas quais se dá o encontro professor–aluno–conhecimento. Nessa dimensão, estão envolvidos os objetivos e conteúdos do ensino, as atividades e o material didático, a linguagem e outros meios de comunicação entre professor e alunos, e as formas de avaliar o ensino e a aprendizagem.

O encontro professor–aluno–conhecimento se define, por um lado, pela apropriação ativa dos conhecimentos por parte dos alunos, pela mediação exercida pelo professor e, por outro lado, por todo um processo de interação em que entram componentes afetivos, morais, políticos, éticos, cognitivos, sociais etc. O estudo da dinâmica de sala de aula precisa levar em conta, pois, a história pessoal de cada indivíduo que dela participa, assim como as condições específicas em que se dá a apropriação dos conhecimentos. Isso significa, por um lado, considerar a situação concreta dos alunos (processos cognitivos, procedência econômica, linguagem, imaginário), a situação concreta do professor (condições de vida e de trabalho, expectativas, valores, concepções) e sua inter-relação com o ambiente em que se processa o ensino (forças institucionais, estrutura administrativa, rede de relações inter e extraescolar). Por outro lado, significa analisar os conteúdos e as formas de trabalho em sala de aula, pois só assim se poderá compreender como a escola vem concretizando a sua função socializadora e educativa.

O processo de investigação da sala de aula se fará basicamente por meio da observação direta das situações de ensino–aprendizagem, assim como por meio da análise do material didático utilizado pelo professor e do material produzido pelo aluno.

Outra dimensão fundamental no estudo das questões do cotidiano da escola é a sociopolítica, que se refere ao contexto sociopolítico e cultural mais amplo, ou seja, aos determinantes macroestruturais da prática educativa. Esse âmbito de análise inclui uma reflexão sobre o momento histórico, sobre as forças políticas e sociais e sobre as concepções e os valores presentes na sociedade.

É um nível mais profundo de explicação da prática escolar, que leva em conta sua totalidade e suas múltiplas determinações, a qual não pode ser feita nem abstrata nem isoladamente, mas a partir das situações do cotidiano escolar, num movimento constante da prática para a teoria e numa volta à prática para transformá-la.

O destaque a essas quatro dimensões tem o objetivo de chamar a atenção para aspectos que não podem ser esquecidos numa investigação da prática pedagógica cotidiana. Sabe-se que há outros aspectos tão importantes quanto os que foram destacados, o que mais uma vez reforça a necessidade de considerar as dimensões em sua complexidade e em suas inter-relações.

Referências bibliográficas

FONSECA, C. Quando cada caso NÃO é um caso: pesquisa etnográfica e educação. *Revista Brasileira de Educação*, n. 10 (1999), 58-78.
GIROUX, H. *Teoria crítica e resistência em educação*. Petropólis: Vozes, 1986.
HELLER, A. *O cotidiano e a história*. São Paulo: Paz e Terra, 1972.
KOSIK, K. *A dialética do concreto*. São Paulo: Paz e Terra, 1976.
LEBFVRE, H. *A vida cotidiana no mundo moderno*. São Paulo: Ática, 1991.
MAFFESOLI, M. Cotidiano. In: OUTHWAITE, W., BOTTOMORE, T. P. (orgs.). *Dicionário do pensamento social do século XX*. Rio de Janeiro: Zahar Editores, 1998.
WARDE, M. J. Pesquisa em educação: entre o Estado e a ciência. In: BRANDÃO, Zaia, WARDE, Mirian Jorge, IANNI, Otavio e outros. *Universidade e educação*. Campinas: Papirus/Cedes/Ande/Anped (Coletânea CBE), 1992.

Um dia na vida de um coordenador pedagógico de escola pública

Laurinda Ramalho de Almeida*
laurinda@pucsp.br

"*Mire veja: o mais importante e bonito do mundo é isto: que as pessoas não estão sempre iguais, ainda não foram terminadas — mas que elas vão sempre mudando. Afinam ou desafinam. Verdade maior. É o que a vida me ensinou. Isso me alegra, montão.*"

(Guimarães Rosa)

Este texto é o resultado da análise dos depoimentos de dez coordenadores pedagógicos de escolas públicas da Grande São Paulo (oito da rede estadual e dois da rede municipal, atuando em escolas de ensino fundamental e médio, no transcorrer de 2002, identificados como CP1, CP2... CP10), que generosamente reagiram à seguinte provocação:

---

* Professora doutora do Programa de Estudos Pós-graduados em Educação: Psicologia da Educação da PUC-SP.

- Descreva um dia de trabalho que você considera típico de sua atuação como coordenador pedagógico. Registre com detalhes todas as suas atividades.
- Quando você terminou esse dia, o que pensou?
- O que é ser coordenador pedagógico?

Começo tomando por empréstimo o argumento de uma das *depoentes*:

Dia típico pressupõe rotina. Segundo o dicionário, rotina significa caminho habitualmente seguido e conhecido, hábito de fazer as coisas sempre do mesmo modo. Para o coordenador pedagógico não há dia igual, pois a docência lida com pessoas, e elas são sempre diferentes. (CP3)

Concordo com o espírito da afirmação. As pessoas estão sempre mudando, como Guimarães Rosa tão poeticamente evidenciou. No campo da educação, que é das relações humanas, cada ato é impossível de ser repetido, porque cada pessoa é única e vive num momento que não se repete. É por isso que tenho insistido que é preciso "um olhar atento, um ouvir ativo e um falar autêntico" (Almeida, 2002, p. 78) para captar a subjetividade do outro naquele momento.

Porém, o ensino é uma atividade relacional intencional. Se o relacional implica o confronto de subjetividades, o intencional implica atender a objetivos claramente explicitados e que sejam valiosos e exequíveis, o que nos leva a pensar no planejamento de nossas ações como educadores. Isso provavelmente trará algumas rotinas para nossos dias.

Por outro lado, se entendermos rotina segundo o conceito de Tardif (2002, p. 101):

... as rotinas são modelos simplificados da ação: elas envolvem os atos numa estrutura estável, uniforme e repetitiva, dando assim, ao professor, a possibilidade de reduzir as mais diversas situações a esquemas regulares de ação, o que lhe permite, ao mesmo tempo, se concentrar em outras coisas"...

poderemos aceitar que algumas rotinas são necessárias. Embora nem sempre suficientes.

Vejamos o que nossos dez *depoentes* têm a dizer sobre seu dia de trabalho.

1. Um dia típico de atuação como coordenador pedagógico*

Meu dia a dia, como PCP na escola, é sempre muito movimentado, ritmo frenético, por vezes turbulento. (CP6) Rotina da escola: sempre agitada. (CP2) O dia de trabalho de um CP começa, como de todo profissional, com atividades agendadas, estabelecendo-se prioridades. (CP4) Chego e olho a agenda. Será que vai dar para fazer 50%? Tem dia que não dá nem para olhar a agenda. Chego e começo a apagar incêndio. E o incêndio vai o dia todo. Às vezes tenho a sensação de que o incêndio faz parte das prioridades. Outras vezes, não. (CP10)

Como se dá esse movimento frenético do qual falam os coordenadores?

A seguinte listagem de atividades aparece, com prioridade maior ou menor para uma ou outra: organização e execução de horários coletivos de trabalho pedagógico; organização do início dos períodos; relações formais e informais com direção, professores, alunos, pais, órgãos superiores; leitura de redes e comunicados referentes às atividades que envolvem professores e alunos e elaboração de relatórios; atendimento às emergências.

---

* Referimo-nos genericamente a Coordenador Pedagógico — CP —, embora na rede estadual de ensino paulista a coordenação pedagógica seja exercida pelo professor coordenador pedagógico — PCP —, como função. Já na rede municipal, temos o coordenador pedagógico, que exerce um cargo.

A presença da coordenação pedagógica na rede estadual paulista tem uma história antiga: na década de 1960, nas Escolas Experimentais e Ginásios Vocacionais; na década de 1970, nas Escolas Técnicas; na década de 1980, no "Projeto reestruturação técnico-administrativa e pedagógica do ensino de 1° e 2° graus na rede estadual, no período noturno" — Projeto Noturno, nos "Centros Específicos de Formação do Magistério" — CEFAM — e no "Ciclo Básico" — CB; na década de 1990, nas Escolas-Padrão. Em 1996, pela Res. SE n° 28/96 todas as escolas da rede estadual passaram a contar com a coordenação pedagógica.

23

1.1. Organização e execução de horários de trabalho pedagógico coletivo

Oito dos dez *depoentes* apresentam a programação e execução dos horários de trabalho pedagógico coletivo (HTPC, na rede estadual) como atividade de um dia típico de trabalho. Essa programação envolve, primeiro, a seleção e o encadeamento dos temas para discussão nas reuniões. Os seguintes tópicos são relacionados pelos coordenadores:

- Questões sobre avaliação, currículo, dinâmica de aulas, elaboração de materiais;
- Decisões sobre atividades extraclasse (visitas ao teatro, cinema etc.);
- Decisões sobre estudos do meio;
- Escolha de professores para acompanhamento das atividades;
- Análise de casos disciplinares;
- Avaliação interdisciplinar;
- Uso de sala de informática, laboratórios e sala de vídeo;
- Preparação de material para ser utilizado por professores eventuais;
- Leitura de rede e comunicados referentes à programação de atividades;
- Questões de política econômica (ALCA, por ex.);
- Discussões sobre projetos em desenvolvimento;
- Programação para datas comemorativas e eventos.

Os depoimentos registram também a escolha de estratégias adequadas para garantir o interesse dos professores pelos HTPC. A maioria dos *depoentes* se refere a essa preocupação, alguns mostrando desânimo, outros tentando alternativas de solução:

> Dezoito horas, a coordenadora do período noturno chegou e nos dirigimos ao HTPC. Sem um local específico, entramos em uma sala de aula para desenvolver o trabalho pedagógico coletivo, com professores cansados, desmotivados, sem perspectivas e outros com discursos sempre negativos em relação a tudo e a todos. (CP3)

Começo a preparar o HTPC do dia, pensando em uma maneira diferente de organizar essa reunião, pois sei que os professores hoje estão muito irritados com a indisciplina dos alunos. Às vezes coloco textos engraçados para começar a reunião, outras vezes uma dinâmica, ou um texto de reflexão pedagógica, mas hoje escutarei todas as reclamações, pois considero este também ser o meu papel. (CP7)

A maioria dos coordenadores concorda que

O trabalho do CP é fundamentalmente um trabalho de formação continuada em serviço: favorecer a tomada de consciência dos professores sobre suas ações e o conhecimento sobre o meio em que atuam e assim promover o desenvolvimento profissional dos professores. (CP6)

E que isso deve ser feito, principalmente, nos horários de trabalho pedagógico coletivo. Mas encontra-se dificuldade em mobilizar os professores para esse horário e em propor estratégias para que as reuniões sejam produtivas.

1.2. Organização do início dos períodos

Competindo com a preocupação de planejar e executar os HTPCs, vem a preocupação de organizar a entrada dos alunos nos diferentes períodos. Sete dos dez *depoentes* se referem a essa atividade, numa sistemática que se apresenta com pequenas modificações de escola para escola.

a) Verificação de professores presentes e ausentes no início de cada período de aulas para identificação de aulas vagas. Duas situações podem ocorrer:

a1 — há professor eventual (substituto) para ocupar a classe do professor faltante;

a2 — não há professor eventual e:
- CP fica com a classe, ou
- inspetor de aluno fica com a classe, ou
- alunos ficam no pátio, ou
- dependendo do número de faltas, é feito remanejamento do horário do dia.

b) Identificação de atividades elaboradas previamente para a classe desenvolver:

> Se a escola foi avisada com antecedência, o substituto já foi providenciado pela secretaria. Receber o substituto, orientar quanto às atividades deixadas pelo titular da classe, encaminhar o substituto à classe. Quando o professor ausente não deixou atividade, sugerir atividade significativa. Por vezes, substituir o professor faltoso ou aplicar os exercícios deixados por ele. (CP6)
>
> Se as ausências são previstas, colocar uma prática alternativa: atividades deixadas pelo professor, ou filme, ou, na ausência de um professor eventual, deixar os alunos no pátio... Quando há possibilidade, aproveito a aula vaga para reunião com a classe. (CP9)

O que fica patente nos depoimentos de todos os CPs é a constatação do elevado número de faltas de professores. Nas palavras de CP2:

> Na verdade, a falta de professor é uma constante e não contamos com funcionários suficientes para suprir essa falta de forma adequada (p. ex., temos apenas uma inspetora por período). A falta de professor é o *maior* problema da escola e isso vem só piorando...

É a preocupação de não deixar o aluno com tempo ocioso, ou seja, fazê-lo aproveitar bem todos os momentos de sua permanência na escola. Como afirma CP6: "Durante todo o expediente na escola, o fazer do CP está voltado para que os alunos estejam em sala de aula e os professores ministrando suas aulas, num clima de tranquilidade e harmonia".

Daí a necessidade de planejar, com os professores, alternativas para ocupar produtivamente o tempo do aluno, nas ausências de professores: previsão de material, pelos professores titulares, para serem utilizados pelo professor eventual; seleção de filmes para aprofundar alguns conteúdos; e a ida do CP às classes, quando possível.

As tarefas desempenhadas pelo CP para garantir que o aluno não tenha tempo ocioso são, principalmente, de três tipos: assessorar os professores titulares no preparo e na seleção de material que possa ser utilizado pelos professores substitutos, para que não haja solução de continuidade no cumprimento do programa; assessorar o professor substituto para tornar a sua aula significativa para o aluno; utilização da aula vaga pelo próprio PC para reuniões com as classes.

1.3. Relações formais e informais com direção, professores, alunos, pais, órgãos superiores

Seguem trechos de relatos dos coordenadores sobre seu dia típico para evidenciar as inúmeras e complexas relações interpessoais de que são protagonistas:

Meu dia de trabalho tem início às 7:00h da manhã. Inicialmente preocupo-me com a chegada dos professores, ou seja, verificar se todos vieram e sobre a necessidade de convocar professores eventuais. Logo em seguida, inicio as atividades pedagógicas: atender os pais de alunos (em média uns dez por dia). Aqui os problemas são desde desempenho escolar, a disciplina e a postura adequada para o estudo (concentração, realização de atividades, acompanhamento diário dos filhos) etc.... (CP1)

Chego à escola às 6:50h para organizar a entrada do período. Depois de resolvidas as questões sobre atrasos, ausências de professores, verificar o eventual disponível e a atividade a ser desenvolvida por ele, vou para a sala de coordenação para continuar o levantamento de todos os dados referentes ao Projeto Reforço e Recuperação paralela. Toca o telefone, é um pai que não pode comparecer à reunião de Pais e Mestres e quer marcar um horário para pegar o boletim do filho. Quando informo a ele o horário de atendimento, responde que não pode, pois ele trabalha...Volto aos dados, pois a Diretoria informou através da rede o prazo de entrega do projeto para análise e a data para início das aulas. De repente, a professora X coloca dois ou três alunos para ficar fora da sala de aula, porque não querem fazer as atividades propostas. Então, eu converso com eles, orientando-os sobre o valor do estudo e o preço causado por aquele comportamento. Assim, solicito à professora que passe as tarefas a serem realizadas aos meninos que não podem ficar ociosos... a professora X passa a ativi-

dade e consegue, mais calmamente, dialogar com eles. Seguindo, sou chamada pela direção da escola, porque chegou uma rede convocando todos os PCPs para reunião na Diretoria Regional, sobre a classe mista ou Recuperação de Ciclo II, no outro dia, às 9:00h. Aproveito o momento para mostrar à direção quais as turmas do reforço que foram montadas e a quantidade de professores de que necessitam. Passo, então, a contatar os professores sobre o seu interesse para as aulas, quando sou chamada pelo inspetor dizendo haver uma mãe que precisava falar com a coordenadora... (CP3)
No decorrer do dia, quase sem exceção, a presença do coordenador é solicitada em sala de aula para resolver problemas de conflito entre professores e alunos. Embora essa atividade não seja pertinente à função, como os problemas são muitos, a coordenação auxilia a direção ou a vice-direção para que todos os problemas sejam encaminhados e o andamento das atividades da escola não seja prejudicado. Há, também, frequentemente, a necessidade de contatar pais para o seu comparecimento à escola para resolver os problemas mais graves. A filosofia da escola é de parceria com os pais para a tentativa de resolver os problemas disciplinares dos alunos... Com relação aos professores, o coordenador é mais requisitado por eles para resolver a parte disciplinar e os conflitos. Com raras exceções, não pedem ajuda pedagógica ao coordenador. Quando este apresenta sugestões em HTPCs, depara com muita resistência... (CP4)
Seguindo minha agenda de trabalho para este dia, recebi alguns pais cujos filhos estão frequentando o projeto reforço/recuperação, explicando a eles o porquê e o quão importantes são a frequência e a participação dos mesmos. Durante o intervalo, fui até a sala dos professores para uma conversa amigável e descontraída com os colegas... Em seguida, recebo os professores da tarde, como foi feito de manhã, com os cumprimentos e a mensagem do dia. À tarde, como o período é mais tumultuado por ser formado por alunos do Ensino Fundamental, ajudo meus colegas, visitando as salas, principalmente as 5as séries, vistando os cadernos, assistindo às aulas... Visitei, como sempre faço, a 8ª série D, que é uma classe de recuperação de ciclo, mista, na qual os professores fazem um trabalho diversificado. Passei pela sala de informática, onde a professora de Português desenvolve um projeto com a 5ª série A. (CP5)

Frequentemente, contornar situações de rejeição, por parte dos alunos, de propostas ou atitudes normais de professores no transcorrer das aulas. Insistir para que alunos não fiquem fora da sala de aula, atender professores que solicitam a presença em sala, a fim de solucionar conflitos. É comum professores solicitarem que o PC assista a alguma apresentação de trabalho ou debates programados...Todas as noites, o PCP conta com a companhia da direção... e é para quem os problemas graves de indisciplina são levados. Sempre que deparamos com problemas desse tipo, estudam-se as possíveis causas, e juntos, professores de classe, PCP, membro da direção e se necessário os pais dos alunos envolvidos, buscamos a melhor solução para o problema, tenha ele causas pedagógicas, familiares ou sociais... É rara a noite que não se tenha falta de professores, assim como é raríssima a noite que não se tenha caso de alterações disciplinares, às vezes de fácil solução, outras nem tanto. (CP6)

Alguns pontos merecem destaque nessas falas:
- ao lado das reuniões formais com os professores (principalmente os HTPC), com os pais (reuniões de pais e mestres), reuniões com os alunos (para discutir assuntos específicos), que implicam um atendimento coletivo, há também o atendimento individualizado, que o coordenador realiza com professores, pais e alunos. Esse atendimento individualizado pode ser planejado (quando o coordenador chama os pais, o aluno ou o professor para tratar de determinado assunto) ou emergencial (quando o professor, o pai ou o aluno o procura no momento em que surge o problema);
- muitos pais têm dificuldade em se adequar aos horários de atendimento programados pela escola, em decorrência de sua jornada de trabalho;
- alguns coordenadores conseguem tempo para visitar as classes, assistir a aulas, participar de eventos, atender projetos especiais desenvolvidos pelos professores;
- tanto os pais como os professores procuram o coordenador prioritariamente para questões disciplinares e dificuldades no atendimento às exigências da escola;

- os problemas de relacionamento interpessoal professor–aluno (caracterizados como rejeição, conflito, desentendimento) são os mais frequentemente trazidos ao coordenador;
- quando o coordenador mantém um trabalho integrado com a direção da escola, com os professores, seu trabalho é mais produtivo e menos solitário.

1.4. Leitura de redes e comunicados, e elaboração de relatórios

A maioria dos coordenadores registra, como atividade rotineira, a leitura de redes e comunicados (via computador ou *Diário Oficial*) referentes às atividades de professores e alunos. Precisam ficar informados das exigências e propostas do sistema de ensino para passá-las aos professores — funcionam, portanto, como mediadores entre o macrossistema (Secretaria de Educação) e o microssistema (escola).

Os coordenadores se referem à elaboração de relatórios, que exige um tempo nem sempre disponível na escola:

... tenho ainda a parte burocrática que vai desde realizar relatórios sobre alunos até as pautas de HTPC. Este trabalho, em grande parte, acabo fazendo em casa, pois o microcomputador fica na Secretaria e está sempre sendo utilizado. (CP1)

1.5. Atendimento às emergências

O CP deverá contar com obstáculos para realização de suas atividades. Deve prever que será atropelado pelas emergências e necessidades do cotidiano escolar. Deve ter consciência de que suas funções ainda são mal compreendidas e mal delimitadas" (CP6)
Acho que o diretor larga muito as coisas para mim: até os materiais das verbas eu tenho de comprar! Além disso, os problemas disciplinares, de faltas, da limpeza, das festas: tudo isso fica sob minha responsabilidade!... e o principal, que é o pedagógico, acaba ficando prejudicado. (CP2)

Os coordenadores têm clareza de que contam com obstáculos para atender ao pedagógico, sendo o principal deles as emergências que surgem, tanto decorrentes das necessidades do cotidiano escolar como da indefinição de suas funções de coordenação. Por outro lado, os coordenadores demonstram sua frustração ao perceber que não atendem às expectativas que os professores depositam sobre eles:

> Eu era professor de Língua Portuguesa e agora sou CP. Quando era professor, tinha uma expectativa do CP que não era cumprida. Agora, como CP, percebo que não posso dar conta de muita coisa que o professor espera. Existem problemas de ordem estrutural (faltas de professores, concursos de remoção todo ano, solicitações de toda ordem); problemas de ordem pessoal (formação precária do professor, temperamento, concepção de educação, de aluno, de professor). (CP9)

CP9 deixa claro que as razões do não atendimento às expectativas dos professores fogem ao seu controle: questões de ordem estrutural — as faltas de professores que perturbam sobremaneira o andamento do processo educativo; concursos de remoção todo ano — quando se consegue formar um grupo na escola para atuar coletivamente, saem elementos-chave e é preciso começar tudo de novo; solicitações de toda ordem, que tanto podem vir da própria escola como dos órgãos centrais.

As questões ligadas às pessoas são também citadas, especialmente a formação deficitária dos professores e as concepções que trazem sobre a escola, o aluno e o professor — sem esquecer o "temperamento", que aqui deve ter sido lembrado no sentido de dificultar o relacionamento interpessoal.

2. Ao terminar seu dia de trabalho...

Assim expressam seu pensamento os coordenadores, ao terminarem o "dia típico" descrito:

> Volto tranquila, com duas preocupações: parece que não realizei nada durante o dia; uma grande quantidade de serviço para fazer em casa. (CP1)

Sempre penso que não consegui fazer tudo o que tinha proposto — os problemas repentinos são muitos e a sobrecarga de trabalho é muita. (CP2)
Finalizando o dia, retorno à minha casa, com a sensação de mal-estar e carregando o peso da ausência do tempo necessário para a realização de projetos que possam causar mudanças significativas... Fico a pensar que muita coisa precisa ser mudada na estrutura da escola pública: mais pessoal de apoio, melhores condições de trabalho. (CP3)
Ao terminar o dia de trabalho, embora extenuada, penso o quanto é gratificante fazer o que gostamos — mesmo com dificuldades, dá para desenvolver um trabalho sério, sem desanimar. (CP5)
Volto para casa, depois de uma noite exaustiva de trabalho: serena, com a sensação do dever cumprido; extenuada, porque não paro um minuto sequer, subindo e descendo escadas; frustrada, porque sinto como se meu trabalho não tivesse sido realizado. (CP6)
Estou saindo da escola, trabalhei muito, mas tenho a impressão que no dia seguinte trabalharei mais ainda, pois quem é coordenadora de verdade sempre está pensando no que tem que fazer no dia seguinte. (CP7)
O dia foi cansativo, como todos os dias, tenho muito que fazer. Estamos em um ritmo acelerado. Nenhum dia é igual ao outro. (CP8)
Inicio o dia relacionando o que vou fazer, e vou tomando providências. Ao final do dia, apesar de ter cumprido uma boa parte do proposto, penso que há muito a fazer. (CP9)

As falas dos coordenadores registram uma monótona repetição: trabalho exaustivo, o não dar conta de todas as atividades. Alguns demonstram sensação de mal-estar, de frustração. Apesar do cansaço, uma ponta de satisfação, para outros: sensação do dever cumprido, um gosto pelo que fazem.

2.1. O que não aparece num "dia típico"

- Apenas um CP (CP9) registra, afirmando que isto não faz parte do cotidiano, a troca de informações com coordenadores de outras escolas: "Troca de informações com outros coordenadores não faz parte do cotidiano, mas tento. Há duas escolas próximas, e nós três coordenadores nos propusemos encontros semanais". Relata ainda que nos encontros de coordenadores, quando um levanta um problema, as outras vozes se levantam. "É uma verdadeira catarse. Num primeiro momento, há um despejar de problemas; num segundo, há um alívio — todos se percebem no mesmo barco". Esse mesmo coordenador informa que na sua escola há dois coordenadores: "há troca de trabalho entre os coordenadores, mas o encontro semanal sistemático direção, vice-direção, coordenadores, muitas vezes não ocorre, porque a diretora é muito solicitada".

- O mesmo CP9 registra a falta de espaço para estudos no cotidiano da escola: "Estudar, pesquisar, também não faz parte do cotidiano da escola, mas em casa, na calada da noite. É preciso buscar mais, para dar conta de todos os problemas".
- Nenhum dos *depoentes* refere-se à elaboração de registros — não há espaço no cotidiano para escrever sobre o que acontece, suas dúvidas e descobertas. Não há espaços, e os coordenadores também não os têm criado, ao que tudo indica.
- Nenhum dos *depoentes* faz referência à reflexão sobre sua própria prática — seja numa relação com ele mesmo (autoconhecimento, autodescoberta, autoformação), seja numa relação dele com seus pares ou com a equipe escolar.

3. A metáfora como recurso para a compreensão do trabalho do coordenador pedagógico

Dos dez *depoentes*, seis usam metáforas para definir sua função como CP:

O melhor que define o trabalho do CP é a metáfora do *"cego perdido no meio do tiroteio"*. (CP1)
O CP da escola pública é hoje um *"coringa"*. (CP2)
Nada mais sou que um *"apagador de incêndio"*. (CP10)
O CP deve ser o *"elo"* entre vários segmentos da escola. (CP6)

O CP *"soma"* com a equipe escolar. (CP8)

O CP tenta *"afinar a linguagem pedagógica"*. (CP9)

Na tradição retórica, a metáfora sempre foi considerada um ornamento linguístico, sem valor cognitivo. No entanto, Lakoff e Johnson (2002), em *Metáforas da vida cotidiana*, argumentam que

> os conceitos que governam nosso pensamento não são meras questões de intelecto. Eles governam também nossa atividade cotidiana até nos detalhes mais triviais. Eles estruturam o que percebemos, a maneira como nos comportamos no mundo e o modo como nos relacionamos com outras pessoas. Tal sistema conceptual desempenha, portanto, um papel central na definição de nossa realidade cotidiana.
> ... os processos do pensamento são em grande parte metafóricos. (p. 45 e 48)

A análise das metáforas empregadas pelos CPs far-se-á mais necessária se nos ativermos às hipóteses defendidas por Lakoff e Johnson (2002):

> As metáforas têm implicações que iluminam e dão coerência a determinados aspectos de nossa realidade. Talvez determinada metáfora seja a única forma de iluminar e de organizar coerentemente esses aspectos de nossa experiência. As metáforas podem criar realidade para nós, especialmente realidades sociais. Uma metáfora pode assim ser um guia para ações futuras. Essas ações, é claro, irão adequar-se às metáforas. Isso, por sua vez, reforçará o poder da metáfora de tornar a experiência coerente. Nesse sentido, as metáforas podem ser profecias autossuficientes. (p. 257)

Nossos coordenadores, dada a complexidade das funções que desempenham e a falta de delimitação clara destas, encontraram na metáfora uma forma de iluminar e organizar coerentemente os diferentes aspectos de sua experiência.

Podemos agrupar as metáforas empregadas em duas categorias:
a) as que se referem à multiplicidade das tarefas que desempenham de uma forma não articulada (CP1, CP2, CP10);
b) as que se referem a essa multiplicidade de uma forma articulada (CP6, CP8, CP9).

Vejamos as redes de implicações geradas pelas metáforas utilizadas, lembrando que "nenhuma metáfora pode ser compreendida ou até mesmo representada de forma adequada, independentemente de sua base experiencial" (Lakoff e Johnson, 2002, p. 68).

a) metáforas de cunho não integrativo:

- *um cego perdido no meio do tiroteio*
  — a escola é um território de lutas;
  — há pessoas atirando de todos os lados: bombardeando com solicitações, exigindo respostas, buscando providências;
  — o cego não sabe para que lado se dirigir, porque não distingue claramente os obstáculos e os espaços de segurança.
- *um coringa*
  — as funções não estão bem definidas — então vale fazer tudo;
  — as funções não estão bem definidas — então não sou dono de nenhuma função;
  — as funções não estão bem definidas — então assumo o lugar do outro, um lugar que não é meu.
- *um apagador de incêndio*
  — a escola tem conflitos que geram incêndios;
  — apagar incêndios requer uma ação imediata;
  — alguém tem de apagar o incêndio — esse é o CP.

Qual o perigo dessas metáforas, à medida que "uma metáfora pode ser um guia para ações futuras"? Considerando que:
  — o cego não sabe de onde vem o tiro para se desvencilhar dele;

— o coringa não sabe qual atividade vai lhe caber naquele dia;
— o apagador de incêndio não sabe onde vai aparecer o núcleo do fogo para evitá-lo,
elas reforçam o argumento de que não dá para fazer previsão de ações, não há como organizar rotinas, ou seja, um planejamento próprio para o CP é desnecessário.

b) metáforas de cunho integrativo:

Lembrando que Lakoff e Johnson (2002) argumentam que as metáforas podem ter o poder de definir a realidade, e que elas o fazem por meio de uma rede de implicações que iluminam alguns aspectos da realidade e ocultam outros, é interessante notar que CP6, CP8 e CP9 perceberam alguns aspectos que CP1, CP2 e CP10 não perceberam.

Vejamos:
- o CP *soma* com a equipe escolar:
  — as solicitações são muitas, o cotidiano escolar é caótico, mas eu posso contar com outros elementos da equipe;
  — a direção, os professores e também os pais e os alunos fazem solicitações de todos os lados, mas também podem ser parceiros e diminuir a carga de responsabilidades;
  — essa ajuda permite *ver* a realidade e não ficar *cego* diante da sobrecarga das solicitações.
- o CP deve ser o *elo* de ligação:
  — o elo é um dos componentes da corrente, é um de muitos;
  — o elo dá força aos demais — se arrebentar, deixa de ser uma corrente;
  — ser um de muitos não diminui a importância do elo.
- o CP tenta *afinar a linguagem pedagógica*:
  — existe um jargão próprio da escola, que é a linguagem pedagógica;
  — essa linguagem deve ser dominada por todos;
  — essa linguagem pode dirigir as ações;
  — quando há objetivos comuns, a linguagem fica *afinada*;
  — o CP é o maestro para *afinar* a linguagem e coordenar as ações.

Existe uma coerência entre essas três metáforas:
— somo porque faço parte da operação;
— sou elo porque faço parte da corrente;
— é possível uma linguagem afinada que é a linguagem do grupo do qual faço parte e que posso coordenar.

Estas implicações reforçam o argumento de que é possível prever ações para dar conta de muitos dos problemas que surgem, contando com a parceria do grupo; portanto, é possível pensar num planejamento próprio para o CP, apesar do reconhecimento de que também as emergências podem ser atendidas.

CP6 vislumbra essa possibilidade:

Essa ação formadora, articuladora e transformadora é difícil, mas não impossível — se prevista no projeto pedagógico da escola, discutida com os professores e contando com o apoio e parceria da direção, é possível realizar um trabalho bom e profícuo.

E CP 10 reforça: "Para sair do atendimento ao incêndio, é preciso fazer um planejamento próprio — e lutar por ele".

Vale ainda citar três outros CPs que não usaram metáforas para definir suas funções:

O CP deveria ser o elemento que ajudaria a unidade escolar nos seus projetos pedagógicos, assessorando, acompanhando os professores em suas atividades de planejamento, docência e avaliação. (CP3)

Não está CP3, considerando-se, também, um *elo*? Mas o condicional empregado deixa perceber que não é o que acontece. Quais condições seriam necessárias para que isso acontecesse? No seu depoimento, aponta condições de infraestrutura, principalmente falta de recursos humanos na escola.

Estar sendo CP é nunca esquecer que se é professor, em primeiro lugar. (CP5)

CP5 lembra aqui que ele é um professor coordenador pedagógico, isto é, um professor antes de ser um coordenador. Estar ocupando, agora, um lugar que lhe permite contemplar o macro da escola não pode levá-lo a deixar de enxergar cada professor, em particular, com suas expectativas, suas dificuldades e seus sucessos, tais como ele os tinha quando professor.

• Então, o que é ser CP? CP7 faz uma boa síntese:

Ser CP é ouvir mais do que falar; é saber ouvir, é saber falar no momento certo; é coordenar, é organizar e direcionar as ideias para a prática; é sempre estar correndo atrás de informações, é sempre estar informando e interferindo na hora certa, é estar sempre pronto para tudo, é fazer muitas vezes mais do que você espera. É cumprir sua função social, é ter iniciativa e criatividade, é ter paciência e jogo de cintura, é valorizar o seu ambiente de trabalho e lutar por melhorias; enfim, ser coordenador pedagógico é o que eu sempre quis.

4. No cotidiano, e para além dele...

Os dez coordenadores que generosamente responderam às questões propostas fizeram-no revelando, com detalhes, seu dia a dia na escola: é um relato que retrata as condições concretas da vida de dez escolas públicas de Ensino Fundamental e Médio da Grande São Paulo. São escolas que podem ter características diferentes, mas que apresentam, em seu cotidiano, a natureza do serviço que essas escolas prestam à população, na pessoa de seu coordenador pedagógico.

Os relatos registram não só as atividades desenvolvidas, mas as apresentam impregnadas de emoções e sentimentos. Emoções de alegria, tristeza, raiva. Sentimentos de esperança, animação, orgulho e envolvimento transparecem nos depoimentos — são eles que mobilizam o coordenador na sua luta, na transposição dos obstáculos que se apresentam. Mas o desânimo que também aparece é um indicador de que "as coisas não vão bem" em algumas escolas.

4.1. CP3 fala da impossibilidade da rotina, pois os CPs lidam com pessoas

Os relatos confirmam que o dia a dia do CP é um dia eminentemente de relações interpessoais: com os elementos da equipe escolar (direção, professores, inspetores de alunos, pessoal da secretaria), com os alunos, com os pais, com outros coordenadores, com os técnicos dos órgãos centrais da Secretaria da Educação. Relações que se efetivam dentro das salas de aula, nos laboratórios, nos corredores, nas salas de professores, nas diretorias, nas salas de coordenação, nos pátios, nos encontros de coordenadores fora da escola. Alguns encontros descritos como desgastantes, outros como gratificantes. A palavra conflito aparece em muitos depoimentos, na afirmação de que os coordenadores são frequentemente chamados pelos professores para resolvê-los.

Embora já tenhamos desenvolvido o tema das relações interpessoais em outros artigos (Almeida, 2000, 2001 e 2002 e Almeida e Mahoney, 2002), a insistência dos coordenadores nessa temática nos força a retomá-la.

Sem a intenção de um aprofundamento nas questões, pretendemos apenas lembrar que o coordenador pedagógico, nas relações interpessoais que mantém com professores, pais, alunos, está desenvolvendo uma "relação de ajuda" — ajuda para o crescimento, para a autonomia, para a autorrealização. Mas para uma ajuda efetiva são necessárias certas habilidades interpessoais, e é importante que o coordenador identifique as habilidades que já possui e que estão presentes em seus relacionamentos, procure desenvolver ou reforçar essas habilidades e tente adquirir novas.

Rogers (1985) propõe três atitudes básicas como condições para um relacionamento construtivo: autenticidade, consideração positiva e empatia.

Diversos autores, entre eles Gordon (1974) e Carkhuff (1977), operacionalizaram essas atitudes ou condições facilitadoras para a situação de ensino.

Gordon apresenta duas habilidades:

a) ouvir ativo ou escuta ativa, e

b) mensagem-eu ou mensagem na primeira pessoa.

O ouvir ativo revela o querer compreender da parte do facilitador (coordenador, professor, pai, etc.) o que se passa com o outro; é a tentativa de captar o que está por trás da fala. Já a mensagem-eu é a mensagem que expressa o que o facilitador está sentindo sobre o comportamento do outro, e como isso o afeta. Mahoney e Almeida (2002) discutem essas duas habilidades e apresentam sugestões para desenvolvê-las.

Carkhuff (1977) propõe como habilidades importantes para um bom relacionamento:

a) atender: mostrar, por formas verbais e não verbais, a disponibilidade e o interesse pelo outro;
b) responder: comunicar, verbal ou corporalmente, a sua compreensão pelos sentimentos e ideias do outro;
c) personalizar: mostrar sua parcela de responsabilidade no problema que o outro está enfrentando;
d) orientar: avaliar, com o parceiro da relação, as alternativas de ação possíveis para facilitar a escolha de uma delas.

Como se vê, as duas propostas se complementam, porque partem do mesmo pressuposto: as condições facilitadoras de Rogers.

Temos nos referido a Rogers para enfatizar a importância das relações interpessoais porque esse autor elaborou uma teoria dessas relações e a comprovou em situações empíricas. Mas Wallon (1975), com sua psicologia genética, é também um bom parceiro para ajudar a enxergar a importância de uma relação interpessoal confortável. Queremos chamar a atenção para algumas proposições de sua teoria:

a) a pessoa constitui-se na interação do seu organismo com o meio: a pessoa do professor, resultante da integração das dimensões motora, afetiva e cognitiva, é um elemento fundamental do meio constituinte do seu aluno;
b) na pessoa, o par cognição–emoção é uma relação emaranhada: uma situação de imperícia nova, difícil, para a qual não se está preparado, mobiliza emoções e sentimentos e dificulta a cognição;
c) a aprendizagem é a passagem do sincretismo para a diferenciação: para aprender é preciso sair de uma situação sincrética — difusa, nebulosa — para uma mais clara, em que se percebem as semelhanças e as diferenças, as relações entre as partes e o todo.

Ora, todas essas situações apontadas podem ser amenizadas por uma relação interpessoal confortável, com o coordenador pedagógico, ou o diretor, ou o professor, ou o pai atuando como mediadores que infundam tranquilidade e catalisem os recursos plenos da pessoa. E, principalmente, é preciso lembrar que, para Wallon, o "socius", ou o outro interiorizado, é um parceiro perpétuo do eu na vida psíquica, isto é, mesmo quando a pessoa não está sob a influência direta do interlocutor, seja ele o coordenador, o professor, o amigo, o companheiro, permanece esse outro como um interlocutor interno, como parceiro dos discursos internos conflituais ou não.

Então, é importante aprimorar as habilidades de relacionamento interpessoal porque:
- a pessoa constitui-se nas relações interpessoais que vai estabelecendo no transcorrer de sua vida;
- os resultados de um encontro interpessoal tanto podem ser construtivos como destrutivos para a pessoa;
- o resultado do encontro depende, em grande parte, das habilidades de condução das relações interpessoais pelo parceiro da relação;
- as habilidades interpessoais podem ser aprendidas e desenvolvidas;
- à medida que o outro (coordenador, professor, aluno, pai) perceber, em seu parceiro de relação, a preocupação em tornar a relação o mais confortável possível, maior será a probabilidade de agir de maneira similar quando se relacionar com outras pessoas.

4.2. CP4 fala do que considera desvio de funções

No decorrer do dia, quase sem exceção, a presença do coordenador é solicitada em sala de aula para resolver conflitos entre professores e alunos...

Outro fator que dificulta o andamento da parte pedagógica... é o atendimento dos pais que comparecem espontaneamente para tomar ciência da frequência do aluno...

Embora a função pedagógica do coordenador seja desviada pelas circunstâncias acima, acredito que o papel do coordenador seja o de ajudar a escola a funcionar da melhor maneira possível, não só na parte pedagógica propriamente dita. A disciplina, a conversa com os pais e alunos para se chegar a um denominador comum também ajudarão no bom andamento da parte pedagógica.

CP4 tem e não tem razão. Ajudar o professor a resolver seus problemas de conflitos com alunos, atender aos pais nas suas preocupações e questionamentos é função, sim, do CP. Não de forma *espontaneísta*, mas planejada. Fazer isto não é desvio de função, faz parte da função. Tem razão quando percebe que a conversa com pais e alunos ajuda no bom andamento da parte pedagógica e que "o papel do CP é ajudar a escola a funcionar da melhor maneira possível".

A fala de CP4 e de outros coordenadores ao relatar seu dia a dia fez-me retroceder à segunda metade da década de 1960 e à década de 1970, quando trabalhei como orientadora educacional. Naquele momento histórico, nas escolas que contavam com OE e CP (orientador educacional e coordenador pedagógico), havia o cuidado de delimitar muito bem o terreno de um e de outro. O OE "atendia aos alunos" (atuava nas áreas de orientação de estudos, orientação profissional, orientação psicológica, orientação familiar, orientação de lazer) e o CP "atendia aos professores" (reuniões de planejamento e elaboração de planos de ensino, discussão e proposição de métodos e técnicas pedagógicas, individualizantes e socializantes), com a preocupação de um não penetrar nos limites do outro. Essa situação caracterizava o processo de compartimentalização que vigorava nas escolas, tanto nas funções administrativas como nas pedagógicas. Tive a oportunidade de trabalhar numa situação em que, havendo os dois profissionais na escola*, conseguíamos fazer um trabalho integrado, com objetivos comuns e

---

* Era a Escola de Demonstração do Centro Regional de Pesquisas Educacionais "Professor Queiroz Filho", cujas classes ginasiais foram ligadas ao Colégio de Aplicação da USP.

soma de esforços, com bons resultados. Os dois preparavam em conjunto e executavam reuniões de professores, de pais, de alunos; organizavam e executavam estudos do meio; escolhiam juntos textos para discussão com os professores sobre questões didáticas, disciplinares, erros e acertos — nossos, dos professores e dos alunos —, propostas de mudanças. Os dois, e mais os professores, constituíam um grupo, perseguindo objetivos comuns.

Quando trabalhei como OE*, sozinha na escola, sem CP, percebi, logo no começo de minha atuação, que "atendendo aos professores" na parte pedagógica, isto é, discutindo com eles como tornar as atividades de aprendizagem mais significativas para os alunos, como tornar as aulas situações prazerosas, a serviço do desenvolvimento dos conteúdos, como manter um relacionamento professor–aluno confortável, como compreender os pais em suas situações de dúvidas e aflições, eu estava, também e ao mesmo tempo, "atendendo aos alunos", e atuando numa forma preventiva e não corretiva. E, nessas circunstâncias, trabalhando com professores, pais, alunos, comunidade, e com a cobertura da direção, percebi que fazia um bom trabalho e me sentia bem, porque era um trabalho articulador, formador, orientador, transformador. Lendo recentemente a tese de doutorado de Rios (2001), encontro uma ideia que gostaria de fazer minha: o trabalho competente é aquele que a gente faz bem, porque ele faz bem à gente.

4.3. CP6 fala das funções formadora, articuladora e transformadora do coordenador pedagógico

Ora, formar, articular, transformar implicam intencionalidade, visando ao cumprimento de determinadas finalidades. Mesmo considerando quão delicada e difícil se encontra hoje a caracterização das atribuições do coordenador pedagógico na escola pública, é inegável que existe consenso quanto a alguns pontos:

---

*Em 1969 aconteceu o 1° Concurso de Ingresso de Orientadores Educacionais no Ensino Médio Oficial do Estado de São Paulo, promovido pela Secretaria de Estado da Educação, para suprir os cargos de OE. Em 1970, os OE iniciaram seus trabalhos nas escolas estaduais. Fui um deles.

- ele é membro de uma equipe profissional que atua em situação escolar na qual se realiza um processo educativo intencional;
- as tarefas da escola são complexas e pesadas, porém particularmente decisivas para os alunos e também para os professores que a frequentam;
- o processo educativo dentro da escola sofre uma série de interferências, controláveis ou não, que podem facilitar ou dificultar seu desenvolvimento normal;
- o processo educativo se define pela natureza das metas que se propõe, e, na escola, essas metas devem representar valores éticos do ser humano: responsabilidade, cooperação e solidariedade, respeito por si mesmo e pelo outro.

Quando se abordam metas, intenções, valores que se pretendem alcançar, cabe falar em planejamento das ações, o que implica compromisso com decisões: "Planejamento é um processo de tomada, execução e teste de decisões" (Goldberg, 1973).

É importante lembrar que o ato de tomada de decisões envolve sempre a escolha de uma alternativa entre várias possíveis: é preciso, com cautela, avaliar cada uma delas. Por outro lado, o comportamento de tomar decisões resulta da aprendizagem e se torna um traço de estilo pessoal de cada um.

O coordenador pedagógico, para elaborar sua proposta de trabalho, e não ficar somente à mercê das emergências que aparecem, terá de selecionar alternativas ligadas ao que deseja atingir, ao como pretende atingir e ao quanto atingiu. Portanto, três tipos de decisão lhe são exigidos:
- quais modificações sua proposta vai ocasionar, ou seja: a) seleção de objetivos: valiosos, porque éticos, ao considerar que todas as pessoas devem ser reconhecidas e respeitadas, e exequíveis, porque dentro das possibilidades do momento; b) estabelecimento de prioridades;
- o que pretende fazer para atingir os objetivos;
- como saber se a proposta foi adequada (avaliação dos objetivos e meios).

Não pode esquecer que sua proposta faz parte de uma mais ampla, que é o projeto pedagógico da escola, e que quanto mais conhecer a realidade sobre a qual vai operar e os limites de sua ação maior probabilidade terá de escolher a alternativa mais adequada. Não esquecer, principalmente, do "escolher e fazer junto": reflexões e propostas compartilhadas proporcionam o envolvimento e o compromisso de todos na ação. Lembrando Paulo Freire (1980, p. 63): "O que caracteriza o comportamento comprometido é a capacidade de opção". Se neste movimento o coordenador conseguir entrelaçar os projetos individuais com os coletivos, maior será sua possibilidade de sucesso. É confortador lembrar que, mesmo com todos esses cuidados, é impossível ter o controle de todas as situações.

Tomar decisões diante de tantas solicitações, tantas emergências, tantos conflitos que representam o cotidiano escolar não é fácil. Usando de uma metáfora, como fizeram os *depoentes*, o coordenador está sempre diante de um *labirinto de escolhas*. É preciso ter sagacidade para definir alguns pontos e atacá-los com os recursos adequados, levando em conta a situação concreta da escola, inserida num sistema escolar mais amplo, e os seus próprios limites, profissionais e pessoais.

É preciso ter coragem para fazer escolhas, definir metas, aproveitar brechas, criar espaços, fazer parcerias. Sagacidade e coragem para aventurar-se, lembrando a afirmação de Kierkegaard: "Aventurar-se causa ansiedade; porém, não se aventurar é perder-se. E aventurar-se, no mais alto sentido, é precisamente tomar consciência de si mesmo".

Referências bibliográficas

ALMEIDA, Laurinda R. A dimensão relacional no processo de formação docente. In: BRUNO, ALMEIDA e CHRISTOV. *O coordenador pedagógico e a formação docente*. São Paulo: Loyola, 2000.
_____. O relacionamento interpessoal na coordenação pedagógica. In: ALMEIDA e PLACCO. *O coordenador pedagógico e o espaço da mudança*. São Paulo: Loyola, 2001.
_____. Diretrizes para a formação de professores: uma releitura. In: ALMEIDA e PLACCO. *As relações interpessoais na formação de professores*. São Paulo: Loyola, 2002.

_____. e MAHONEY, Abigail A. O ouvir ativo: recurso para criar um relacionamento de confiança. In: ALMEIDA e PLACCO. *As relações interpessoais na formação de professores*. São Paulo: Loyola, 2002.

CARKHUFF, Robert et al. *The skills of teaching: interpersonal skills.* Massachusetts: Human Resource Development Press, 1977.

FREIRE, Paulo. *Educação como prática da liberdade*. Rio de Janeiro: Paz e Terra, 1980.

GOLDBERG, M. A. Avaliação e planejamento: problemas conceituais e metodológicos. *Cadernos de Pesquisa n° 7*. São Paulo: F.C.C (1973).

GORDON, Thomas. *T.E.T. Teacher effectiveness training*. New York: Peter H. Wyden Publisher, 1974.

LAKOFF, George, JOHNSON, Mark. *Metáforas da vida cotidiana*. São Paulo: EDUC/Mercado de Letras, 2002.

RIOS, Terezinha A. *Compreender e ensinar. Por uma docência da melhor qualidade*. São Paulo: Cortez Editora, 2001.

ROGERS, Carl. *Liberdade para aprender em nossa década*. Porto Alegre: Artes Médicas, 1985.

TARDIF, Maurice. *Saberes docentes e formação profissional*. Petrópolis: Vozes, 2002.

WALLON, Henri. *Psicologia e educação da infância*. Lisboa: Editorial Estampa, 1975.

O coordenador pedagógico no confronto com o cotidiano da escola

Vera Maria Nigro de Souza Placco*
veraplacco@pucsp.br

O cotidiano do coordenador pedagógico ou pedagógico-educacional é marcado por experiências e eventos que o levam, com frequência, a uma atuação desordenada, ansiosa, imediatista e reacional, às vezes até frenética... Nesse contexto, suas intencionalidades e seus propósitos são frustrados e suas circunstâncias o fazem responder à situação do momento, "apagando incêndios" em vez de construir e reconstruir esse cotidiano, com vistas à construção coletiva do projeto político-pedagógico da escola. Refletir sobre esse cotidiano, questioná-lo e equacioná-lo podem ser importantes movimentos para que o coordenador pedagógico o transforme e faça avançar sua ação e a dos demais educadores da escola.

É este o propósito deste texto, no qual pretendo propor dois encaminhamentos:
- como trabalhar o planejamento em desenvolvimento no cotidiano, de modo que os rompimentos e movimentos

---

* Professora titular do Programa de Estudos Pós-graduados em Educação: Psicologia da Educação da PUC-SP.

deste não impeçam ou dificultem a concretização do projeto político-pedagógico da escola;
* como trabalhar as relações sociais/interpessoais, de modo que o planejamento proposto em relação ao projeto político-pedagógico da escola — construído pela equipe escolar — possa ser implementado com sucesso.

Destacam-se, aqui, outrossim, os valores interpessoais que estão na base da ação ética do(a) coordenador(a) pedagógico-educacional, na escola.

I. Como analisar a implementação do planejamento: Importâncias — Rotinas — Urgências — Pausas

Dado que o trabalho do(a) coordenador(a) pedagógico-educacional visa ao melhor planejamento possível das atividades escolares, faz-se necessário que ele(a) seja capaz de analisar suas ações, no dia a dia, identificando quais aspectos — e em que medida — podem e devem ser aperfeiçoados ou organizados melhor.

Neste sentido, destacamos a contribuição de Matus (1991), que, insistindo na necessidade da caracterização das atividades de trabalho, propõe quatro conceitos: IMPORTÂNCIA — ROTINA — URGÊNCIA — PAUSA, os quais serão de utilidade para a compreensão e transformação das ações cotidianas do(a) coordenador(a) pedagógico-educacional. Essas categorias de análise foram reorganizadas em dois pares contrapostos: IMPORTÂNCIA — ROTINA e URGÊNCIA — PAUSA por Gonçalves (1995), em sua dissertação de mestrado, na qual fica patente a utilidade delas para a organização e o trabalho do(a) coordenador(a) pedagógico-educacional.

Como se caracterizam esses pares de categorias?

As atividades de IMPORTÂNCIA são aquelas previstas no projeto pedagógico da escola, tendo em vista atender às "metas e finalidades a longo, médio e curto prazo, para os projetos que visam mudar a situação presente. Decisões ações de importâncias são comprometidas com MUDANÇAS" (Gonçalves, 1995, p. 80).

Assim, em função dos diagnósticos realizados pelos educadores da escola, as IMPORTÂNCIAS são estabelecidas como ações prioritárias para o atendimento às necessidades pedagógicas da escola, para a superação de dificuldades ou obstáculos que impedem o avanço dos processos de ensino–aprendizagem e de formação da escola. As atividades de ROTINA "direcionam-se para o funcionamento do cotidiano, para as normas reguladoras do processo de decisão–ação, para a manutenção de procedimentos e de recursos de trabalho. O compromisso é com a ESTABILIDADE" (ibid.). Assim, atividades de ROTINA cumprem uma importante função, de manutenção do funcionamento da escola. Têm, no entanto, um significado contraditório, à medida que, muitas vezes, engolfam as ações dos educadores da escola, produzindo a mesmice, o desvio do olhar das necessidades dos educandos e educadores, a perda dos objetivos mais amplos, para se centrar na resposta aos movimentos e processos do cotidiano, produzindo, assim, rigidez de procedimentos que visam manter a estabilidade e, consequentemente, resistências a quaisquer mudanças. As IMPORTÂNCIAS, nesse contexto, tornam-se, num primeiro momento, secundarizadas e, ao longo do tempo, temidas como ameaças à estabilidade. Perde-se de vista o caráter potencialmente estabilizador das mudanças, à medida que a estabilidade só é alcançada em processos e movimentos contínuos da própria escola. "A escola tem poucas possibilidades de cumprir sua função social se permanecer fechada às transformações de uma sociedade em permanente modificação" (ibid.).

Enquanto as atividades do par IMPORTÂNCIA–ROTINA são planejáveis previamente, constituindo-se em arcabouço da organização escolar, URGÊNCIA–PAUSA são atividades decorrentes da dinâmica da escola e de necessidades emergentes do cotidiano. Assim, as atividades de URGÊNCIA "direcionam-se para atender aos problemas-situações que não são previstos pelo processo de decisão–ação e que exigem permanente atenção. Comprometem-se com a ADEQUAÇÃO dos modos de trabalho às constantes modificações na realidade" (Gonçalves, 1995, p. 81). São ações reacionais a eventos ou comportamentos inesperados e, como tal, significam quebra de ROTINAS e atrasos, suspensão ou redirecionamento de IMPORTÂNCIAS.

Atividades de PAUSA "destinam-se ao atendimento das necessidades individuais do sujeito e incluem o descanso, os períodos de férias, as ações descomprometidas com resultados, a atenção para fatos e circunstâncias não vinculadas à função social da instituição e os elementos subjetivos das relações interpessoais. São compromissos com a HUMANIZAÇÃO no trabalho" (ibid.). Esta categoria nos remete à apresentação deste texto, à medida que, com frequência, submetido(a) à ROTINA e às URGÊNCIAS, o(a) coordenador(a) pedagógico-educacional passa a ignorar as necessidades de PAUSA, desencadeando um processo de estresse e ansiedade que, em vez de lhe permitir maior adequação de seu trabalho, mais produz deturpações, ineficiência e desvios dos objetivos. Além do mais, ambientes em que PAUSAS não são consideradas são produtores de relações interpessoais menos calorosas, menos receptivas, gerando competição, desânimo e menor competência no trabalho pedagógico. Por outro lado, outro aspecto poderia ser considerado, quando se pensam as pausas: atividades culturais que envolvam arte e estética (no dizer da educadora Cleide Terzi) são dimensões importantes na composição das pausas. Desse ponto de vista, pode-se pensar a pausa como um rico momento de recomposição de si mesmo, de re-integração de pensamentos, valores e ações, de re-arranjo de modos de conhecer e interpretar o mundo, a si mesmo e aos outros, a tal ponto que transformações pessoais e profissionais possam ali encontrar um valioso nicho.

O par IMPORTÂNCIA–ROTINA, como bem o diz Gonçalves (ibid., p. 80), apresenta a contradição dialética entre MUDANÇA–ESTABILIDADE, cuja síntese é a INTENCIONALIDADE da ação pedagógica. Essa síntese, a nosso ver, só se concretiza na construção coletiva do trabalho escolar.

O par URGÊNCIA–PAUSA, ainda segundo Gonçalves, apresenta a contradição dialética ADEQUAÇÃO–HUMANIZAÇÃO, cuja síntese seria o COMPROMISSO político-educacional. Em interação com os movimentos de MUDANÇA–ESTABILIDADE, esta contradição pode gerar, por um lado, a desumanização da escola e, consequentemente, um realce excessivo do planejamento, do controle, da previsibilidade do funcionamento. Por outro lado, o exagerado relevo à humanização pode conduzir à personalização e à busca de vantagens ou ao atendimento de necessidades pessoais, o que desvirtua os objetivos institucionais e coletivos.

Este rápido quadro das proposições de Matus (1991, apud Gonçalves,1995, p. 84) se completa com outra referência importante: para este autor, assim deveria ser a conformação das vinte e quatro horas do cotidiano de um dirigente: 10% de atividades de IMPORTÂNCIA, 30% de atividades de ROTINA, 30% de atividades de URGÊNCIA e 30% de atividades de PAUSA.

Mesmo que não consideremos esses percentuais de modo literal, se um(a) coordenador(a) pedagógico-educacional analisa suas atividades diárias, vai perceber que suas atividades de ROTINA abrangem muito mais que os 30% propostos por Matus. Em determinados períodos das atividades escolares, as URGÊNCIAS também superarão esta porcentagem. Que atividades estarão em prejuízo, nesse âmbito? Sem dúvida, IMPORTÂNCIAS e PAUSAS, o que significa que aquelas ações que visam a mudanças, à superação de obstáculos e ao aperfeiçoamento das ações pedagógico-educacionais da escola não estarão sendo realizadas — ou o estarão de modo precário e inadequado. Significa também que a retomada pessoal, o descanso, o rearranjo de forças que permitem ao educador continuar seu trabalho, centrar-se nos objetivos e intenções do projeto político-pedagógico da escola, não estarão acontecendo a contento.

Urge que o(a) coordenador(a) pedagógico-educacional aprenda a transformar muitas das URGÊNCIAS em ROTINAS — prevendo comportamentos e ações necessárias, com pessoas responsáveis por elas, para responder por eventuais situações que, embora aparentemente inesperadas, não o são, no contexto da escola, que conhece, sobejamente, situações de incidentes ou acidentes com crianças, faltas de equipamento, de recursos, de profissionais e outras eventualidades.

Urge também que o(a) coordenador(a) pedagógico-educacional comprometa os educadores da escola — professores e funcionários — nos processos de análise e diagnóstico da realidade escolar, assim como no planejamento e na proposição de projetos para atender às necessidades diagnosticadas e aos objetivos da escola, de modo que o projeto político-pedagógico proponha ações de IMPORTÂNCIA em torno das quais todos se empenhem, não permitindo resistências e adiamentos, em função de ações rotineiras ou emergenciais.

Urge ainda que o(a) coordenador(a) pedagógico-educacional se dê conta da necessidade de PAUSAS que lhe possibilitem — e aos demais educadores da escola — momentos fundamentais de relacionamento e trocas que "afinem" sua comunicação e seu entendimento sobre as pessoas, o que lhes possibilitará, simultaneamente, comunicação e compreensão, parcerias e solidariedade entre os profissionais, no caminho de reflexões que gerem soluções mais aprofundadas e criativas quanto aos obstáculos e problemas emergentes no caminho do cotidiano, relações mais ricas e profícuas entre todos os educadores e os educandos da escola.

II. Relações sociais/interpessoais

Pretendo, mais uma vez, enfatizar e valorizar essas relações, em seus aspectos éticos, valorização que se originou de minha observação e experiência junto às escolas: o que nelas se vive só ocorre pela intermediação do afetivo em relação ao cognitivo, ancorado no ético-político. Só quando existe uma real comunicação e integração entre os atores do processo educativo há possibilidade de emergência de uma nova prática docente, na qual movimentos de consciência e de compromisso se instalam e se ampliam, ao lado de uma nova forma de gestão e uma nova prática docente.

É tendo como ponto de partida essa crença que podemos pensar em ações concretas do(a) coordenador(a) pedagógico-educacional, capazes de dar continuidade a um processo formativo partilhado, aprofundando-o, ampliando-o e também redirecionando-o.

Algumas dessas ações são aqui relacionadas:

1) Responsabilidades partilhadas — Nenhum processo de planejamento e de desenvolvimento profissional, na escola, tem resultados efetivos se a responsabilidade pelos processos e pelos resultados não é partilhada — cada qual com a função que lhe cabe, mas consciente das funções uns dos outros e colaborando mutuamente para que os objetivos sejam alcançados. É frequente que o coordenador pedagógico se arrogue obrigações e tarefas de tal monta que se torna impossível cumpri-las. Sente-se exausto e frustrado, mas não se dá conta de que o compartilhar dessas responsabilidades não apenas aliviaria suas pressões, mas também envolveria os demais no compromisso com os objetivos propostos.

2) Interlocução participada — O planejamento e os movimentos de formação dos professores para uma melhor prática docente precisam ser equacionados pelo(a) coordenador(a) pedagógico-educacional, mediante a construção de uma interlocução participada, de uma ampliação da comunicação entre os educadores da unidade escolar, enfrentando juntos — solidária e confiantemente — tanto o caminho das dificuldades e dos obstáculos como o das descobertas e da construção de respostas aos desafios da prática cotidiana, sejam eles da ordem da ciência e do conhecimento, sejam eles da ordem das relações e dos afetos. Embora aparentemente um pleonasmo, a ideia de interlocução participada visa lembrar ao coordenador que sua fala com o outro, especialmente o professor, implica ouvi-lo, dialogar com ele, olhar um nos olhos do outro, com atenção, cuidado, predisposição para o atendimento mútuo. Implica ainda lembrar que comunicar aos professores ou alunos que determinadas ações devem ocorrer não significa que essas ações ocorrerão, pois as pessoas não se comprometem com comunicados, mas com ações decorrentes de objetivos comuns. E querem/precisam ser ouvidas sobre elas.

3) Confronto cotidiano — Além da interlocução, é no confronto cotidiano que essa complexidade do humano pode estar em movimento contínuo de reorganização. O confronto com os outros, consigo mesmo e com a mudança tem também um papel essencial na formação e no desempenho do educador, pois o convoca a "um repensar e reposicionar sua consciência da sincronicidade"*. Confrontar-se "com expectativas de mudanças de e em sua prática, como exigência da própria prática, da teoria e da própria realidade educacional brasileira" é fundamental. O confronto com a experiência de mudança do outro, com os questionamentos trazidos à prática docente, às posições pessoais e aos valores, o encarar a própria mudança, no decorrer do trabalho cotidiano, são aspectos decisivos para a ampliação e o questionamento da consciência da própria sincronicidade. "O confronto com a mudança não é algo tranquilo nem ocorre sem resistências." A busca de justificativas ao trabalho para que fique como está, a não percepção de ocorrências da prática e da necessidade de mudanças a serem introduzidas nessa prática são processos de alienação, contrários ao movimento da consciência e do confronto, são contingências da própria vida, do cotidiano. "Mas, ou há movimento de busca de superação desta alienação — mesmo que momentânea e reconhecida como tal —, ou não há possibilidade de consciência crítica" (Placco, 1994, p. 114).

Esta é uma ação que precisa ser redimensionada pelo(a) coordenador(a) pedagógico-educacional, pois, como diz Agnes Heller (1989), há um forte componente alienante no próprio cotidiano.

Além do mais, faz-se necessário lembrar que, muitas vezes, nós, educadores, pela própria natureza de nossa ação pedagógica, julgamos inadequado o confronto, ou o temermos, como agressivo ao outro. No entanto, o chamamento à reflexão, ao compromisso assumido com o grupo ou pelo grupo para a realização de determinadas ações, na escola, é fundamental para que possam todos os envolvidos ingressar e permanecer em processo de aperfeiçoamento de nossa prática educativa.

---

* Sincronicidade — conceito que pode ser descrito "como a ocorrência crítica de componentes políticos, humano-interacionais e técnicos, que se traduz em sua ação, ocorrência essa que gera movimento que é ação de e entre professor–aluno–realidade. Esse movimento engendra novas compreensões da totalidade do fenômeno educativo, no qual há reestruturação contínua e consistente em todos, em cada um e na relação entre esses componentes, à medida que se define e redefine um projeto pedagógico coletivo" (Placco, 1994, p. 17 e 18).

4) Tempo e movimento — O(a) coordenador(a) pedagógico-educacional não pode supor que as transformações da prática possam ocorrer de maneira contínua e regular, e na direção previamente estabelecida, mas haverá sempre, no cotidiano, um "movimento que envolve idas e vindas, circularidades, saltos, evoluções e retrocessos, no tempo e no espaço em que essa prática se realiza". Nesse movimento é que se pode identificar e confrontar a consciência da sincronicidade dos educadores, "... sabendo, contudo, que qualquer mudança não é definitiva, mas indicativa de tendências" (Placco, 1994, p. 115).

O(a) coordenador(a) pedagógico-educacional perceberá, com frequência, em si mesmo(a), como estas circularidades, avanços e retrocessos ocorrem, tanto em função de sua própria dificuldade de mudança, como em função das exigências do sistema. Isso lhe possibilitará aceitar e compreender os movimentos que ocorrem e ocorrerão nos professores e nos alunos, mas não o eximirá de confrontar, questionar, ajudar, orientar; intervir, enfim!

5) Olhares do(a) coordenador(a) pedagógico-educacional — Um exercício importante no cotidiano do coordenador é o do olhar. Seu olhar precisa aprender a identificar as tendências de tempo e movimento do outro, as necessidades de confronto e interlocução, num movimento da prática que se dá num *continuum*. E esse olhar atento e cuidadoso o ajudará a melhor organizar suas ações formadoras.

Que olhares são necessários a um(a) coordenador(a) pedagógico-educacional?

Olhar da constatação — o que é sua realidade, a realidade da escola, dos professores e alunos? Não omitir ou negar aspectos que sejam contraditórios às idealizações que possa fazer quanto a essa realidade.

Olhar da investigação, análise e reflexão — o que ocasiona aquele contexto, aquele resultado, seja do ponto de vista da aprendizagem, seja das relações sociais/interpessoais? O que poderá vir a ocorrer, se determinadas ações forem empreendidas? Desenvolver uma atitude marcada por "E se...", de tal modo que o pesquisar, o investigar passem a fazer parte do cotidiano de todos, coordenador(a), alunos e professores.

Olhar da ação — indicando caminhos, analisando alternativas, prenunciando resultados e propondo a superação de obstáculos.

Re-olhar da avaliação — a cada momento, estabelecendo e revendo critérios, exercendo julgamentos, propondo valores e significados, tendo em vista o alcance dos objetivos definidos no projeto político-pedagógico.

Olhares de curiosidade, invenção, espanto — permitir que o insólito exista e se mostre no cotidiano, com suas estranhezas e aparentes impossibilidades, ao lado da criação do novo, do inverso, do avesso, trazidos por uma perspectiva diferente do olhar.

Olhares de amorosidade e respeito — gerados pela aceitação da pessoa de cada um, com suas características, necessidades, expectativas e desejos, com seus enganos e dificuldades, com seu jeito de ser pessoa, de ser gente... e tentando descobrir, em suas diferenças, em seus desafios e em suas ações/reações, seus medos, suas angústias, suas esperanças/desesperanças, seus limites, suas lutas, suas perdas, suas ambições e seus sonhos.

No entanto, não perder de vista, nessa diversidade de olhares, a necessidade e funcionalidade do registro — outro jeito de olhar, mas, ainda assim, um olhar intermediado pelo ato reflexivo de escrever, anotar, organizar ideias, complementar olhares da experiência concreta com os momentos de reflexão provocados pela escrita.

6) Formação do(a) próprio(a) coordenador(a) pedagógico-educacional, enquanto organiza, planeja e forma seus professores — Formação de sua própria consciência crítica, como ponto de partida para a efetivação de uma atuação prática condizente com a construção de um projeto coletivo com compromissos sociais: formação de educadores conscientes de si, de sua própria prática e da prática vigente, capazes de tomar decisões e agir, com base nessa consciência. Assim, esta é uma exigência na formação de todos os educadores, engendrada no movimento interno do próprio processo de formação e na relação deste com a prática social do sujeito (Placco, 1994, passim).

Coordenadores(as) pedagógico-educacionais (ou professores[as] coordenadores[as] pedagógicos) devem estar conscientes da tarefa de formação de um ser humano crítico e cuja prática seja transformadora; saber que devem auxiliar os professores na identificação de seu processo de consciência quanto à realidade social, à prática das escolas e quanto a si mesmos, sem perder de vista a identificação e a aprendizagem dos mecanismos que lhes possibilitem superar, responsável e criticamente, a alienação decorrente desses processos. Será seu papel, portanto, questionar-se continuamente sobre seu próprio desempenho, sua própria ação formadora, sua própria sincronicidade e sobre as relações sociais/interpessoais que estabelece consigo mesmo e com os demais educadores na escola.

7) *Integração profunda entre as ações propostas pela escola em seu projeto político-pedagógico, a realidade social e da escola e a prática social/profissional dos docentes* — Ao auxiliar os professores a estabelecer os vínculos entre sua prática social e a prática docente, o(a) coordenador(a) pedagógico-educacional estará possibilitando a inserção da prática da escola na realidade social mais ampla, amparada sobre os fundamentos teóricos, resgatando continuamente o caráter alienante do cotidiano e propondo-o como "referência imprescindível para a construção da consciência crítica" (Placco, 1994, p. 115). Se essa prática do professor não é reconhecida, refletida, confrontada com a realidade da escola, com a realidade social e criticada à luz das necessidades da escola, dos alunos e dos próprios professores, não há síntese possível e, portanto, não há construção e reconstrução. O professor é alguém que traz consigo sua história e a história da cultura e da sociedade à qual pertence. Ignorar isso é desistir de sua participação na escola e da formação!

III. Algumas questões também presentes no cotidiano do coordenador

Tenho dito — e quero reafirmá-lo — que uma função fundamental do coordenador pedagógico é cuidar da formação e do desenvolvimento profissional dos professores.

É fundamental pensar a formação como superação da fragmentação entre teoria e prática, entre escola e prática docente, de modo que as dimensões da sincronicidade possam se revelar e integrar, na compreensão ampliada de si mesmo, do processo de ensino e aprendizagem e das relações sociais da e na escola, síntese da formação e da prática docente como momentos com peculiaridades e especificidades que provocam contínua mudança nos professores e em sua prática.

Nossa função de coordenadores pedagógico-educacionais, na articulação do trabalho dos professores e em seu desenvolvimento profissional, é pôr em contato nossos mundos internos, do ponto de vista de valores, atitudes e, principalmente, de ampliação de consciência, com tudo o que temos feito em nosso cotidiano: nossos modos de conduzi-lo, nossos controles da docência, nossa atuação nos conselhos de classe, as avaliações que realizamos, nossos estudos, a compreensão que temos das teorias, das aplicações na prática.

Os questionamentos que temos sobre nossa ação na escola e sobre os processos formativos que desencadeamos (ou não) junto aos nossos professores não devem ser negados ou repudiados. Mas, certamente, estas ações precisam ser ampliadas; devem abranger estas questões que hoje trago à discussão e outras ainda. Para essa ampliação, precisamos entender melhor os professores e os outros profissionais e educadores com quem trabalhamos; entender como aprendem e se relacionam com sua aprendizagem e com a aprendizagem de seus alunos. Vários autores (citados por Garcia, 1995) oferecem perspectivas interessantes quanto a estas temáticas, e eu os convido, como leitores e estudiosos, a se debruçar sobre elas. Hunt fala de etapas do desenvolvimento intelectual; Kohlberg fala de etapas do desenvolvimento moral e Loevinger, de etapas do desenvolvimento do eu. E ainda: Sikes e Huberman falam de ciclos vitais e profissionais do professor, e Hall e Hord abordam as etapas de preocupações dos professores (suas necessidades e exigências específicas, que implicam processos de mudanças. Kolb (1984) fala de aprendizagem experiencial e dos movimentos e estilos de nossa cognição.

Como veem, planejar e interferir no desenvolvimento profissional e na formação de professores deve incluir o estudo e a crítica das teorias, deve nos levar a aprofundar a crítica à sua prática e à prática da escola, mas, nesses estudos e críticas, deve permitir — e incentivar — o aparecimento de contradições entre aquilo que é proposto como fundamento teórico e a prática cotidiana das escolas, deve gerar questionamentos nos valores e crenças dos professores, em geral dados como definidos e definitivos, deve gerar dúvidas em suas certezas, gerar rupturas no seu pensamento e na sua ação, de modo que as contradições gerem sínteses provisórias e provocativas de movimentos da consciência (Placco, 1994, p. 117).

Os planejamentos e os movimentos da formação (podemos mesmo pensar o planejamento como um desses movimentos!) podem ganhar direções não previstas — questionamentos sobre a gestão da escola, sobre o(a) coordenador(a) pedagógico-educacional, sobre as diretrizes da escola ou do sistema —, mas mesmo isso será sempre mais significativo do que a imobilidade, a reprodução e a alienação vigentes. E será, com certeza, "mobilizador(a) da sincronicidade enquanto possibilidade de uma consciência crítica voltada para o coletivo, (e) para a construção do conhecimento" (Placco, 1994), para a construção do professor como pessoa inteira e para uma maior participação desse professor nos movimentos e na gestão da própria escola.

Não podemos perder de vista que lidar com o planejamento, com o desenvolvimento profissional e a formação do educador, com as relações sociais e interpessoais existentes na escola é lidar com a complexidade do humano, com a formação de um ser humano que pode ser sujeito da transformação de si e da realidade, realizando, ele mesmo, essa formação, como resultado de sua intencionalidade.

E isto exige de todos nós, coordenadores(as) pedagógico-educacionais, direção, professores e formadores de professores, que, ao sermos capazes de lutar pelas importâncias de nosso trabalho, organizar nossas rotinas, interromper quando necessário, "agir nas urgências e decidir nas incertezas" (Perrenoud), sejamos capazes de construir e ampliar — nós mesmos e em nós mesmos — a consciência de nossa sincronicidade.

Referências bibliográficas

GARCIA, Carlos Marcelo. *Formação de professores: para uma mudança educativa*. Porto: Porto Editora, 1995.
GONÇALVES, Carlos Luiz. *O trabalho pedagógico não docente na escola: um ensaio de monitoramento*. Dissertação (Mestrado em Educação), USP, 1995.
HELLER, Agnes. *O cotidiano e a história*. São Paulo: Paz e Terra, 1989.
KOLB, David A. *Experiential Learning: experience as the source of learning and development*. New Jersey: Prentice Hall, 1984.
MATUS, Carlos. *Curso de planificação e governo — Guia de Análise teórica*. São Paulo: ILDES Editor, 1991.
PERRENOUD, Philippe. *Enseigner, agir dans l'urgence, décider dans l'incertitude*. Paris: ESF Éditeur, 1996.
PLACCO, Vera M. N. S. *Formação e prática do educador e do orientador*. 4ª ed., Campinas: Papirus, 2000.
PLACCO, Vera M. N. S., SILVA, Sylvia H. S. A formação do professor: reflexões, desafios e perspectivas. In BRUNO, E. B. G., ALMEIDA, L. R., CHRISTOV, Luiza H. S. (orgs.). 4ª ed., *O coordenador pedagógico e a formação docente*. São Paulo: Loyola, 2003.

Garota interrompida:
metáfora a ser enfrentada

Luiza Helena da Silva Christov*
luizachristov@uol.com.br

Introdução

A presença como pesquisadora ou colaboradora em diversas escolas, públicas ou particulares, nos últimos vinte anos tem dimensionado minha admiração pelos educadores que, no chão e entre as paredes da escola, vivem o desafio de construir uma realidade educacional favorável ao aprendizado de todos.

Neste movimento de admiração crescente, acabo por construir sofrimentos compartilhados e, para este artigo, tomei a decisão de aproveitar para tratar de um sofrimento em particular na esperança de compartilhar também — quem sabe — sua cura.

Tratar de um assunto é uma expressão interessante por contemplar a ideia de tratamento terapêutico, por contemplar o desejo de cura.

Trato neste artigo, portanto, de um sofrimento que me atormenta e vem atormentando a todos os coordenadores com os quais tenho a alegria de dividir reflexões e afetos. Trato da constante

---

* Professora doutora e pesquisadora da UNESP.

interrupção que os coordenadores pedagógicos sofrem no exercício de sua função principal, ou seja, a orientação do processo de educação continuada da equipe escolar.

Ao tratar deste fenômeno, tenho a intenção de:
- comunicar o quanto me incomoda esta interrupção;
- refletir sobre este desconforto para transformá-lo em emoção a ser vista com calma, a ser observada, a ser colocada em minhas mãos para que eu possa contê-la, percebendo-a menor do que eu mesma e não maior e mais forte;
- chamar a atenção de coordenadores e gestores da educação escolar em geral para a importância de se levar a sério os fatores que levam a este fenômeno e suas consequências para a construção de uma escola melhor.

Para tanto, organizei a exposição desta reflexão em três partes: na primeira, escrevo histórias reais desta interrupção; na segunda, apresento hipóteses sobre os fatores que produzem esta interrupção e, na terceira parte, proponho algumas ações que considero interessantes para se superar este mal-estar da interrupção constante que vivem os coordenadores pedagógicos.

O nome deste artigo refere-se ao filme de James Mangold denominado *Garota interrompida* (*Girl Interrupted*, em inglês). Realizado em 1999 pela Columbia Pictures, tem como atriz principal Winona Ryder, cuja personagem tem sua vida interrompida durante dois anos, ao ser internada em um hospital psiquiátrico por apresentar sintomas que, segundo os médicos, seriam próprios de uma doença denominada "ordem incerta de personalidade". Tratando-se, de fato, de sintomas facilmente associados a qualquer adolescente que apresente dúvidas sobre suas escolhas, bem como angústias típicas de uma fase de transformações que exigem reestruturações de padrões de emoção e de valores. Esta interrupção levou a personagem a acreditar-se incapaz de assumir suas escolhas. Sua crítica e sua lucidez puderam ser preservadas, por sua vez, graças às interações que vivenciou no próprio hospital.

Ao sair de algumas escolas, senti muitas vezes que as coordenadoras, diante da interrupção de sua função, estavam sendo levadas a um estresse e a acreditar que são impotentes e nada podem fazer contra um sistema que desvaloriza cotidiana e pertinazmente sua função essencial. Pensei que a lembrança do referido filme, sugerida no nome deste artigo, pudesse expressar a frustração presente na constante interrupção vivida pelos coordenadores no interior da escola. Evidentemente, este fenômeno é válido para coordenadoras e coordenadores, apenas mantive o título do filme como título do artigo para, metaforicamente, enfatizar o sentimento de impotência associado à ideia de interrupção, que sem dúvida alguma não é limitado a um gênero.

Histórias de um fenômeno

Escola de Ensino Fundamental. Chego para uma reflexão com a coordenadora pedagógica, atendendo a um convite desta para ajudá-la a planejar o trabalho de formação dos professores alfabetizadores. Sou recebida com carinho, água, café. Entramos em uma sala pequena que é destinada à coordenação. Sentamo-nos e começamos a conversa. Pergunto quais os temas e objetivos que estão propostos para o trabalho com os alfabetizadores. A coordenadora informa que tem esse registro em seu caderno. Abre gavetas e armários, buscando o caderno. Batem à porta. A diretora pede que a coordenadora a acompanhe para preencherem um formulário sobre materiais de limpeza e de secretaria. Espero vinte minutos sozinha na salinha em que estávamos. A coordenadora retorna. Procura e encontra o caderno com seus registros sobre o plano de trabalho com os professores. Conversamos. Ela pede desculpas pela espera. Eu respondo que estou acostumada. Ela diz que não gosta destas interrupções para realizar tarefas de outros...

Escola de Ensino Médio. Fui convidada para assistir a uma reunião entre professores e coordenador pedagógico, sobre o regime de progressão continuada. Fui apresentada aos professores pelo coordenador que me convidou. Planejamos que ele falaria durante a primeira meia hora, a seguir os professores apresentariam suas dúvidas, que seriam respondidas pelo coordenador. Eu faria uma síntese final destacando questões a serem aprofundadas. Planeja-

mos, também, que eu e o coordenador faríamos uma avaliação sobre a postura por ele desenvolvida junto aos professores. Após as apresentações, assim que o coordenador iniciou sua exposição, uma profissional da secretaria entrou na sala de reunião em que estávamos e pediu para que ele fosse com urgência até a secretaria para enviarem dados sobre o processo de recuperação paralela para a Diretoria Regional de Ensino. O coordenador explicou que estava em reunião, mas a funcionária insistiu que precisaria enviar tais dados e a direção havia pedido para que o coordenador o fizesse. Fiquei com os professores, tratando de suas dúvidas e questões...
Escola de Ensino Fundamental e Médio. Desenvolvendo processo de formação continuada dos coordenadores pedagógicos, chego para nossa reunião semanal. São três coordenadores responsáveis por: ensino fundamental, ensino médio vespertino e ensino médio noturno. Começamos nossa conversa analisando as dificuldades dos professores para realizarem um acompanhamento individualizado dos alunos. Somos interrompidos pela diretora, que pede auxílio para planejar a festa junina. Sugere que saiam dois coordenadores para agilizar o processo de planejamento e listas de tarefas para os pais. Ouso interferir e lembrar que havíamos agendado com antecedência nossa reunião e que as reflexões sobre as dificuldades dos professores são de grande relevância para a intervenção formativa dos coordenadores. A direção responde que se trata de uma emergência, pois a festa já está chegando etc. etc. Saem dois coordenadores...
Escola de Ensino Fundamental. Ao chegar a uma escola para analisar o processo de educação continuada dos professores, a coordenadora recebeu-me com evidente preocupação, dizendo que não poderia realizar a reunião comigo, pois estava trabalhando com a diretora, concluindo um relatório do SARESP (Sistema de Avaliação de Rendimento do Ensino no Estado de São Paulo). Perguntei se este relatório não poderia ser concluído em outro momento. Ela disse que não. Sugeri que ela negociasse uma solução com a direção. Ela aceitou. Deixou-me na sala e tentou negociar outro momento para finalizar o relatório, uma vez que havia tempo suficiente para isto. A direção respondeu que não

gostaria de trabalhar neste relatório em outro momento e que sentia necessidade de acompanhar mais de perto o trabalho da coordenadora para evitar o registro de informações equivocadas sobre a escola. Com muito constrangimento, a coordenadora informou que não poderia dizer não para a diretora e que este tipo de exigência e interrupção de sua agenda era constante, gerando um clima de frustração. "No fim do dia, parece que não consegui fazer nada...", desabafou.

Escola de Ensino Fundamental e Médio. Este encontro deveria acontecer entre mim e a coordenadora para refletirmos sobre suas atribuições na escola. Ela disse que se sentia um pouco "usada pela direção" e ansiosa para agradar as professoras. Começamos nossa conversa falando sobre a relação da coordenadora com os professores. Fomos interrompidas várias vezes. Para ser exata: quatro vezes e por motivos absolutamente urgentes.

Primeira interrupção: a diretora pede que a coordenadora atenda um casal, pais de um aluno que está com problemas de relacionamento com a professora e com os colegas. Ela se retira para receber o casal. Eu aguardo. Ela retorna. Retomamos a conversa...

Segunda interrupção: a coordenadora precisou atender, ao telefone, o engenheiro responsável pela reforma da escola. Ela atende... Eu aguardo... Ela retorna...

Terceira interrupção: um telefonema da supervisora responsável por esta escola. Pede informações sobre as orientações para elaboração do Regimento Escolar...

Quarta interrupção: outra professora...

Adiamos nossa conversa sobre as atribuições da coordenadora pedagógica para outra ocasião, pois chegara o momento de me retirar.

Escola de Ensino Médio. O coordenador pedagógico relata em entrevista a mim concedida que sua maior dificuldade na função está em "administrar a descontinuidade das ações... nenhum plano pode ser concluído porque sempre aparece uma coisa mais importante e mais urgente para a gente socorrer. Nós coordenadores somos bombeiros ou médicos de pronto-socorro. Vivemos apagando incêndios e socorrendo emergências. Somos na verdade auxiliares da direção..."

Escola de Ensino Fundamental. Coordenadora pedagógica em entrevista a mim concedida: "... não adianta planejar o trabalho com as necessidades dos professores, porque o horário de reunião pedagógica é sempre interrompido sem o menor respeito por diretores, supervisores e mesmo pelos professores, que vivem para o imediato. As reuniões servem para dar informações. Nada mais".

Hipóteses de compreensão

Uma compreensão aprofundada sobre o fenômeno que consiste na constante interrupção da ação dos coordenadores pedagógicos exige uma investigação mais rigorosa que contemple a análise das diferentes situações em que ocorre a interrupção. Porém, neste artigo podemos sugerir algumas hipóteses em um esforço embrionário de compreensão, destacando a importância de se pesquisar detidamente essa desconfortável e prejudicial interrupção. Prejudicial tendo em vista a função essencial do coordenador pedagógico que entendemos ser a orientação do processo de educação continuada dos professores no interior da escola.

Muitos são os fatores responsáveis por essa interrupção. Vamos destacar aqueles que nos parecem mais evidentes neste momento de esforço primeiro para entender o problema.

Uma primeira hipótese sobre os fatores da referida interrupção pode ser formulada levando-se em consideração a relação entre direção e coordenação.

Trata-se, obviamente, de uma relação de poder, com a direção ocupando cargo que a coloca em posição privilegiada para exercer domínio sobre os demais profissionais da escola e para atribuir funções e distribuir tarefas. É possível encontrar no mínimo três situações:
- a direção valoriza e compreende o papel do coordenador como formador dos professores e o interrompe neste papel por não dispor do auxílio de um vice-diretor para compartilhar responsabilidades da gestão;
- a direção conta com vice-direção, mas, por não valorizar o papel do coordenador em sua ação formadora junto aos

professores, impõe situações em que a coordenação possa atuar resolvendo problemas burocráticos da responsabilidade de secretários ou mesmo da vice-direção e da direção propriamente. Como não faltam formulários a serem preenchidos e informações a serem enviadas com urgência para órgãos centrais, justifica-se o envolvimento de todos os profissionais, incluindo alguns professores, em tarefas que caberiam a secretários e vice-diretores, por exemplo;
• a direção, independentemente de compreender ou não o papel do coordenador como formador dos professores, apresenta perfil competitivo e autoritário o suficiente para desviar os profissionais de suas funções de acordo com necessidades não negociadas, colocando todos à sua disposição.

Torna-se importante a identificação das razões que levam cada diretor a ser um agente de interrupção da ação formadora do coordenador pedagógico para que se possa dimensionar o enfrentamento a ser travado no contexto de tal relação de poder.

Uma segunda hipótese considera a relação do sistema de ensino, representado na figura de supervisores e gestores regionais, com a ação coordenadora. Verifica-se a constante sobreposição de ações, com os coordenadores sendo convocados para participar de eventos promovidos pelos órgãos centrais em momentos em que deveriam estar com os professores. Essa sobreposição ocorre no âmbito dos sistemas estaduais e municipais. Além disso, constata-se a ingerência de supervisores em reuniões da coordenação com os professores, quer indicando temas que nem sempre são significativos para aquele grupo, naquele momento, quer interferindo no relacionamento entre professores e coordenadores.

Aqui, também, torna-se importante a identificação, por parte dos coordenadores, das motivações que levam supervisores a interromper ações de formação na escola, sem perder de vista que se trata, também, de relação de poder que merece atenção e planejamento estratégico em seu enfrentamento.

Uma terceira hipótese associa-se à própria compreensão dos professores sobre o papel do coordenador pedagógico. Em geral, os professores valorizam os coordenadores como profissionais que podem auxiliar a gestão da disciplina junto aos alunos. Ainda é bastante frequente o expediente, por parte de professores, de pedir a alunos indisciplinados que saiam da sala de aula para conversar — e levar broncas — com a coordenação. É frequente, também, a solicitação dos professores para que a coordenação apresente sugestões de atividades didáticas, entendendo o coordenador como um arquivo de ideias para boas aulas. Além disso, assim como muitos diretores, alguns professores entendem que os coordenadores são profissionais que devem interceder junto a pais para defender os professores ou para exigir que eduquem bem seus filhos, evitando casos em que o próprio professor deva interferir para educar mais amplamente os alunos, além de transmitir os conteúdos de ensino.

Nos casos acima, a própria função do coordenador deve tornar-se tema de reflexão com os professores, além da própria relação entre professores e alunos.

E, por fim, destacamos como fator a favorecer a interrupção constante da ação formadora dos coordenadores o entendimento do próprio coordenador sobre seu papel. Não se pode perder de vista o fato de que a referida interrupção ocorre em processo que envolve no mínimo dois agentes: quem interrompe e quem se deixa interromper. Por mais autoritária que possa se apresentar a direção, a supervisão e até mesmo o corpo docente, o coordenador consciente de sua importância como formador e consciente de que o espaço escolar não está isento de confrontos perpassados por relações de poder conta com a possibilidade de se colocar como sujeito que cria situações e reverte fatores de impedimento, superando a condição de vítima em um contexto opressor.

Cabe, portanto, perguntar aos próprios coordenadores:
- Como andam essas consciências e essas ações de enfrentamento travadas pelos coordenadores?
- Como anda nossa capacidade de identificar e de reagir a processos de interrupção de nossa condição de formadores e de sujeitos?

- Como anda nossa coragem para fugir de hospitais e de clausuras impostas em nossas instituições profissionais?

Sobre o tratamento do fenômeno

É importante ressalvar que nas escolas do sistema privado a ação formadora dos coordenadores vem sendo mais preservada, ocorrendo interrupções pertinentes ao cotidiano sempre surpreendentemente dinâmico das instituições educacionais, porém com o cronograma de trabalho a ser desenvolvido junto aos professores sofrendo menor interrupção do que aquela observada nas escolas das redes estaduais e municipais públicas e gratuitas.

A identificação dos possíveis fatores responsáveis pelo fenômeno de interrupção acima exposta traz a indicação de aspectos a serem trabalhados, analisados e enfrentados pelos coordenadores. Esse trabalho não é compatível com a solidão e o isolamento de cada coordenador. A solidão que resulta do isolamento dificulta a percepção sobre as características de perfil de diretores, de supervisores, de professores e sobre os nossos mesmos. É preciso conversar muito, trocando ideias e percepções para se construir a compreensão sobre as relações que vivemos na escola.

O máximo que se pode sugerir é que cada coordenador busque seus grupos de referência, articulando esforços para compreensão e intervenção na perspectiva de preservar a conquista que resulta da luta dos educadores para se ter o espaço de reflexão sobre a prática nas escolas, sob a orientação de coordenadores pedagógicos.

A ação formadora dos coordenadores na escola requer cuidados que começam pelo reconhecimento do próprio coordenador sobre o valor de seu papel como formador.

Outros cuidados contemplam:
1. Abarcar no projeto pedagógico da escola a análise sobre o papel da coordenação pedagógica, da direção, da vice-direção e dos professores com relação à educação cidadã dos alunos;
2. Articulação, por parte dos coordenadores, de grupos de referência para discutirem o enfrentamento das relações de poder na escola;

3. Os órgãos centrais, municipais ou estaduais, ganhariam com cuidados de planejamento que respeitassem agendas das escolas, evitando sobreposições de ações e interrupções da função essencial do coordenador.

Para finalizar, informo ao leitor que o ato de escrever este artigo de fato ajudou-me a superar a irritação de que sou vítima sempre que constato a interrupção dos coordenadores em seus momentos de reflexão. Agora, ao finalizar o presente texto, essa interrupção parece-me tratável. Estou mais confiante em sua cura. E na capacidade dos coordenadores de não se deixarem hospitalizar e interromper.

Jean-Paul Sartre é autor de uma afirmação muito interessante que pode ser encontrada na abertura do livro *O segundo sexo*, de Simone de Beauvoir: "Metade vítima, metade cúmplice: somos todos nós".

Sob a inspiração desta frase, que se aproxima de um poema, sugiro que os coordenadores pedagógicos leitores deste artigo façam o exercício de identificar em que medida são vítimas e em que medida são cúmplices nesse processo de interrupção de sua ação como educadores.

Desejo e condições para mudança no cotidiano de uma coordenadora pedagógica

Eliane Bambini Gorgueira Bruno*
eliane.gorgueira@terra.com.br

Apresentação

O presente artigo tem como objetivo discutir o desejo e a possibilidade de mudanças relativas a concepções e práticas vivenciadas por coordenadores pedagógicos e professores em escolas do ensino básico. Tendo como referência pesquisa realizada junto a uma escola estadual localizada na capital de São Paulo (Bruno,1998), são destacados relatos de uma coordenadora pedagógica que evidenciam o desejo de mudar sua própria prática e a prática dos professores por ela orientados.

A questão da mudança constitui uma das temáticas essenciais em educação, pois educar é antes de tudo alimentar a esperança de que o outro e nós mesmos podemos mudar ampliando nossa possibilidade de convívio e de conhecimento sobre o real.

---

* Doutora pelo Programa de Estudos Pós-Graduados em Educação: Psicologia da Educação da PUC-SP.

A leitura de diversos documentos de política educacional revela a expectativa de mudança de práticas e de concepções de educadores por parte de organismos centrais, como secretarias municipais, estaduais ou federais de educação.

Mudar mentalidades, superar o preconceito e combater atitudes discriminatórias são finalidades que envolvem lidar com valores de reconhecimento e respeito mútuo, o que é tarefa para a sociedade como um todo. A escola tem um papel crucial a desempenhar nesse processo. (PCN, 2000)
O fato de os alunos serem crianças e adolescentes não significa que sejam passivos e recebam sem resistência ou contestação tudo o que implícita ou explicitamente se lhes quer transmitir. Isso significa valorizar positivamente a capacidade de questionar e propor mudanças, buscando construir situações didáticas que potencializem tal capacidade e possibilitem o aprendizado de modo a utilizá-lo de forma consequente, responsável e eficaz. (PCN, 2000)

Além dos documentos oficiais, diferentes autores autorizam-nos a associar os termos mudança e educação, tais como Cortella: "A escola pode, sim, servir para reproduzir as injustiças, mas, concomitantemente, é também capaz de funcionar como instrumento para mudanças..." (1998, p. 136).

Em Freire (1983, p. 27-30), temos que o homem é um ser inacabado que se move em direção a ser mais, a se completar, processo que nunca conclui. Essa busca por ser mais impele-o a se educar permanentemente, impele-o a querer saber mais e mais sobre si mesmo e sobre o mundo. Essa incompletude humana fundamenta seu movimento, sua mudança em direção à perfeição. Assim, educar-se e mudar para completar seu ser tornam-se termos que se aliam na condição humana. Essa busca por sua completude — por ser mais e por saber mais — associa-se à esperança, pois é preciso esperar e crer que ser mais é possível sem cair no desespero de ser menos, de se negar e se autodestruir. Freire alia, dessa forma, condição humana e incompletude que fundamenta movimento para se completar, para se ser mais embasada na esperança de que isto é possível. Educação, mudança e esperança: três chaves que no pensamento freireano ajudam a compreender o humano.

A década de 1990 no Brasil é especialmente rica em termos de produção de reformas e mudanças educativas. Reformas educacionais vão, pouco a pouco, instalando-se como uma necessidade, construindo um clima institucional que, por um lado, provoca educadores a assumir inovações sobre as quais nem sempre estão suficientemente esclarecidos e, por outro lado, oferece oportunidade para a manifestação dos desejos mais caros aos educadores no que diz respeito ao fato de vislumbrarem como possível a construção de uma boa escola.

O desenvolvimento deste artigo contempla duas partes além desta breve apresentação: depoimentos de uma coordenadora pedagógica da escola pesquisada, e que foram elaborados no interior de seu cotidiano profissional, e a reflexão sobre dificuldades e condições para viabilizar mudanças.

O desejo de mudar

Os depoimentos que se seguem foram redigidos pela coordenadora pedagógica em processo de ação–reflexão–ação construído de forma compartilhada com esta autora por ocasião do desenvolvimento de pesquisa que buscou analisar processo de formação no interior da escola.

Para a reflexão assumida neste artigo foram destacados os depoimentos — relatos reflexivos — cujo foco centra-se no desejo de mudar ou em percepções de mudanças sugeridas por movimentos em direção a revisões de concepções ou práticas.

Relato reflexivo 1

Sempre fui idealista, ingênua, sonhadora, achava que bastava vontade, leitura, que os projetos sairiam do papel. Às vezes davam errado, às vezes davam certo; ia levando, sem parar para pensar no porquê, no como, no onde, no para quê, ia levando na base da intuição, da improvisação.

Percebi, nesse início do nosso processo, que faltava rotina, disciplina, reflexão. Precisava de objetivos claros, precisava planejar e executar *(com começo, meio e fim) um plano de formação, o meu plano.* No momento de escrever, a cabeça pesava, a angústia e a ansiedade dominavam, as ideias não apareciam. O papel na minha frente obrigava-me a mergulhar dentro de mim. Nesse mergulho surgiu um mundo desorganizado e confuso. Não sabia que caminho tomar, protelava, afastava o papel e adiava o momento.
É difícil escrever, é difícil organizar o pensamento. Essa organização vai surgir mais tarde (espero), depois de muitas leituras e escritas corrigidas, idas e vindas, emendas e remendos.
Está ainda muito confuso para mim, não consigo eleger as prioridades, tudo é tão importante. Ainda existe a tentação de atirar para todos os lados. Acho que precisamos recuperar todo o processo de trabalho das professoras, das pessoas que elas são. Elas precisam de informação, de conhecimento, precisam perder o medo, o preconceito, o autoritarismo. Precisam refletir sobre suas aulas, suas verdades e mentiras.
O que será escola para esse grupo? O aluno, sua vida, suas expectativas, seu conhecimento são o que conta. Aqui eu percebo que escola ainda é o lugar de limites, regras rígidas, de conteúdo.
Eu sei que estou apenas começando, procuro soluções, procuro caminhos. É tão difícil achá-los.
Mas é importante também relatar que já aprendi muito (minhas dúvidas aumentaram consideravelmente). Hoje já percebo minhas reações, sei por que agi de uma forma ou de outra. Consigo (às vezes) perceber quando é hora de intervir, de ouvir, de calar; percebo quando agrado, quando irrito e até o porquê. Estou ficando poderosa, mas não quero nunca manipular as pessoas. Li bastante nesse início de formação. Fiquei tão orgulhosa, parecia que eu lia minhas ideias, minhas reflexões, descobri que teorias são as minhas experiências sistematizadas (exagerei um pouco, não?). Com relação aos erros ainda culpo a falta de rotina, disciplina, reflexão...
Estou num processo de crescimento tanto profissional como pessoal, isso é bom, mas que nunca ninguém diga que é fácil.

Este registro contém ideias reveladoras sobre o processo interiorizado pela coordenadora durante a formação. Nele, pode-se identificar o anseio de rever práticas e de viabilizar projetos junto às professoras.

Já no primeiro parágrafo, encontramos uma autoavaliação, iniciativa importante por revelar disponibilidade para rever a própria prática, condição central para uma reflexão em formação. Sem disponibilidade subjetiva inicial para colocar a si e a sua prática como foco de análise, qualquer proposta de mudança torna-se artificial e externa ao sujeito que se pretende em movimento de mudança.

Além da revelação do compromisso com a autoavaliação, o relato em questão manifesta consciência fundamentada sobre a complexidade e a dificuldade da mudança. Revela consciência de que o desejo de mudar é condição necessária, mas não suficiente, para mudança, uma vez que qualquer mudança, até mesmo as mais interiores, inclui vários fatores que se entrecruzam e determinam ou não mudanças de posturas e de práticas mais coletivas. Revela também a consciência de que qualquer mudança inclui movimento de idas e vindas, de avanços e de recuos, sem uma progressividade linear. A ilusão de que somos capazes de crescer sempre na direção de um aperfeiçoamento com resultados práticos positivos ou esperados pode gerar frustrações e decepções imobilizadoras. A consciência de que, apesar da clareza de concepções, nossas experiências requerem vigília e avaliação constantes favorece a compreensão dos fatores efetivos para nossas mudanças práticas e teóricas, pois diante do diagnóstico que resulta de avaliações constantes sobre nossas formas de agir podemos refazer rotas e diretrizes na direção de nossas intenções e concepções.

Relato reflexivo 2

O relato que se segue traz outros aspectos que podem ser úteis para pensarmos condições para mudanças em educação.

(...) percebi que ainda não consigo refletir sozinha, deixei a ansiedade vencer, atropelei novamente o "processo de formação".

75

Ainda não tenho a disciplina necessária; o registro, de tanto ser protelado, acaba sendo contaminado por outras questões; o horário que fiz não é seguido (até já o perdi). Continuo sendo mais intuitiva do que técnica. Tornei-me o "arrimo" da Escola, substituto da diretora à servente.
Mas nem tudo está perdido, você (pesquisadora e formadora) consegue com que eu organize meu pensamento, me ouve. Eleva meu ego, mas me põe no chão. Quando você me deixa, fica tão claro, tão fácil...
Mas o sentimento ainda é o mesmo do poema de Drummond...

Verdade

A porta da verdade estava aberta,
Mas só deixava passar
Meia pessoa de cada vez.
Assim não era possível atingir toda a verdade,
Porque a meia pessoa que entrava
Só trazia o perfil de meia verdade.
E sua segunda metade
Voltava igualmente com meio perfil.
E os meios perfis não se coincidiam.
Arrebentaram a porta. Derrubaram a porta.
Chegaram ao lugar luminoso
Onde a verdade esplendia seus fogos.
Era dividida em metades
Diferentes uma da outra.
Chegou-se a discutir qual a metade mais bela.
Nenhuma das duas era totalmente bela.
E carecia optar. Cada um optou conforme
Seu capricho, sua ilusão, sua miopia.

Este relato traz um movimento característico de qualquer processo formativo: ora estamos seguros e plenos de certezas, ora nos sentimos com todas as dúvidas e medos a respeito da adequação de nossa intervenção.

A lembrança do poema de Drummond para ilustrar esse momento da coordenadora foi particularmente reveladora de seu desejo de buscar complementaridade e cumplicidade das professoras que foi frustrado pela constatação das diferenças. Na busca de organização do grupo, ela deparou com o outro, com os indivíduos, com a necessidade de intervir para a negociação. Deparou com limites impostos pelo outro à sua mudança. E com limites que ela tem a possibilidade de impor às mudanças das professoras.

Outro aspecto interessante deste relato está na constatação da importância do papel da pesquisadora como formadora que desafia a reflexão por parte da coordenadora, incluindo nesse desafiar a percepção das mudanças positivas, dos crescimentos dela no movimento apontado de elevar o ego e trazer para o chão. Ver-se é esforço de considerar a inteireza que somos: nossos avanços e nossos bloqueios. Mas esse processo exige aprendizado permanente e auxílio de olhares alheios que podem nos ajudar a resgatar aspectos que talvez escapem à nossa percepção solitária. Daí a importância da reflexão compartilhada.

Relato reflexivo 3

O relato que se segue refere-se a uma reunião com as professoras na qual a coordenadora percebe ter incorporado melhor seu papel como formadora. Sobre esse processo, ela escreveu:

A preparação (da reunião) foi sofrida, eu não sabia como expor ao grupo as minhas expectativas para o semestre. Estava ansiosa; cheguei uma hora antes para xerocar a pauta e os textos, preparar material para a dinâmica, a sala em círculo etc.
Fiquei irritada quando soube que a diretora não estaria presente. Foi a primeira vez que não a consultei sobre o teor da reunião, não fazia ideia das expectativas dela. Mas resolvi ir em frente.
As professoras começaram a chegar, ainda cansadas, com uma perspectiva negativa para o semestre (que chato... acabou o recesso; o semestre vai ser longo...; passei o recesso doente, nem descansei...; não estava com vontade de voltar, esse semestre não tem nenhum feriado...).

Quando iniciei a reunião, percebi que cinco professoras não estariam presentes. Professoras importantes para o grupo. Fiquei chateada e achei que o trabalho ficaria mais pobre sem a presença delas. Consegui seguir a pauta da reunião (coisa rara), estava segura do tema. A sua apresentação foi interessante, gerou perguntas, mostraram interesse, o que não é comum (para o grupo que estava presente).

Quando comecei a fazer a leitura do texto, os comentários das professoras não foram muito pertinentes, fiquei "tentada" algumas vezes a dizer que eu estava falando em construção do conhecimento e não em memorização, em disciplina e não em obediência, em conteúdo que gere interesse e não em deixar de dar conteúdo.

Mas (em tempo) percebi que "ainda" não poderia fazer essas intervenções, o grupo precisava de um pouco mais de tempo. Foi difícil ouvir e perceber que a nossa concepção de Escola é muito diferente.

Falando em grupo para o grupo, acho que acertei no alvo. Nesse primeiro momento apresentei um grupo ideal, já com as diferenças individuais. O que foi aceito por todas. As dinâmicas serviram para enfatizar isso e elas perceberam que já se conhecem um pouco, e que querem fazer parte do todo.

Na segunda parte da reunião, eu não consegui mostrar como se faz um plano de atividades. As perguntas que fiz para os pequenos grupos não geraram reflexão nem ação, só justificativas. Depois de algumas tentativas, desisti, pois percebi que não conseguiria. Quando expuseram o plano para o grupo grande, ficou confuso, valeu como troca de práticas. Foi uma experiência válida para mim, pois vi que preciso aprofundar meus conhecimentos em "planos", ficar segura, introjetar e depois, quem sabe, talvez eu consiga questionar com mais segurança, sabendo aonde quero chegar, conhecendo minhas dificuldades e as delas.

No meu ponto de vista, foi uma reunião que as motivou um pouco para o semestre, lhes deu uma perspectiva, um futuro um pouco mais agradável. Eu, finalmente, depois de muito esforço, consegui ser coerente, fazer uma reunião organizada e prazerosa.

Esse terceiro relato é um dos mais férteis em termos de autopercepção da coordenadora sobre si mesma e sobre o grupo de professoras.

O primeiro aspecto a ser destacado é sua facilidade para identificar e expressar sentimentos: irritação diante da ausência da direção, ansiedade com a própria reunião e seu preparo e chateação com ausência de algumas professoras. A condição primeira para o trabalho com os próprios sentimentos, redimensionando-os e refletindo sobre seus impactos em nossa postura, está justamente em conhecê-los e em permitir-se tais sentimentos como integrantes das experiências que valorizamos.

Outra identificação importante presente no relato 3 diz respeito à mudança percebida na própria prática: a coordenadora afirma que foi capaz de seguir a pauta nessa reunião e que não sabia fazê-lo anteriormente.

O relato traz ainda sinais de clareza por parte da coordenadora quanto ao que dizer ou não para o grupo, associando essa clareza ao respeito pelo ritmo e momento de reflexão do grupo. Saber o que dizer, no momento adequado, é habilidade de difícil construção e, por não se enquadrar em regras preestabelecidas, exige do formador essa atenção e essa percepção constatadas pela coordenadora na vivência da reunião.

A consciência sobre os próprios limites e sobre o que é preciso aperfeiçoar e aprofundar associa-se às percepções manifestas neste relato e a enriquece. A coordenadora reconhece que não conseguiu motivar reflexão com suas perguntas na segunda parte da reunião e não soube orientar análise sobre planos de trabalho, admitindo a necessidade de aprofundar estudos sobre planejamento e planos de trabalho.

Dificuldades para mudar e condições para mudanças

Os relatos apresentados neste artigo trazem elementos para compreendermos dificuldades que acompanham o desejo de mudança e anunciam também algumas condições para que ela ocorra.

Uma primeira discussão a ser feita, tendo em vista o tema mudança, diz respeito à direção das mudanças. Mudar em que direção, para onde, para quê?

Não estamos tratando de qualquer mudança. Preocupam-nos mudanças que favoreçam construção de habilidades para compreendermos nossas práticas e nossos modos de pensar. Interessam-nos mudanças na perspectiva do ser mais, tal como postulado por Freire (1983, p. 63).

O desejo da mudança aqui trabalhado é relativo ao fazer melhor nossa escola, nossa vida, nossa maneira de viver em sociedade no horizonte da cooperação e da satisfação de todos. A direção da mudança que é aqui apresentada como desejo de uma coordenadora aponta para a construção coletiva do projeto de escola; para respeitar as experiências anteriores das professoras; para valorizar o trabalho de todos os atores da escola; para conduzir reuniões de reflexão favorecendo autonomia e conhecimento por parte das professoras; para orientar adequadamente a elaboração de planos coletivos de trabalho; para melhorar o ensino.

Uma preocupação constante da coordenadora era o cuidado para não "rotular" as professoras. Ela temia agir preconceituosamente, sem compreender suas diferentes visões sobre os alunos, sobre a escola, sobre as inovações a serem construídas. Refletimos que um cuidado do formador deve ser para não olhar o outro como aquele que não vai mudar. Isso abalaria nosso crédito na pessoa que aprende, o que poderia contaminar todo o processo de formação. Essa constitui uma das grandes dificuldades dos processos de formação que visam à efetiva transformação dos educadores.

Outra preocupação estava relacionada com a relação existente entre o ritmo acelerado das mudanças na sociedade atual e o ritmo e o tempo necessários para o processo de formação apresentar resultados significativos quanto às mudanças dos professores.

A questão colocada para o formador nesse novo contexto diz respeito a seu compromisso de preparar o professor para uma atuação que incorpore essas novas formas de acesso ao conhecimento e de comunicação, além da constante necessidade de revisão das concepções.

A clareza quanto ao compromisso acima não afasta a angústia de se perceber que há a existência de dois tempos: o da exigência dos alunos nesse contexto de mudanças aceleradas e o da exigência dos professores em seu tempo de formação. Mais do que nunca, a organização dos espaços de reflexão incorporados à carga horária dos professores faz-se necessária, e de tal forma que se possa ampliar o tempo que está generalizado para sistemas estaduais e municipais, pois em geral são previstas duas horas-aula por semana de reflexão coletiva, e a experiência vem demonstrando a importância de se destinar, no mínimo, três horas-relógio para tais reflexões. Outras condições somam-se a essa: salários dignos, educação continuada, reconhecimento social.

Nóvoa (1991, p. 42) discute esses aspectos no contexto da construção da profissão docente. Para ele, isso se dá por meio de quatro momentos: exercício a tempo inteiro (ou como ocupação principal); suporte legal para a atividade docente; criação de instituições específicas para a formação de professores; constituição de associações profissionais de professores.

Não somente no trabalho realizado junto à coordenadora, cujos relatos privilegiamos neste artigo, mas também em diversas experiências de formação e de pesquisa junto a redes municipais e outras escolas da rede estadual de São Paulo, temos constatado que um dos entraves mais sérios à mudança, na ótica por nós explicitada, está na ausência de reflexão constante sobre a prática.

Tal ausência impede que os educadores se apropriem de análise sobre a própria experiência e também que consigam tempo para leitura e debate de autores que poderiam auxiliar a construção de mudanças na direção de um bom ensino.

O tempo para a reflexão coletiva e para o estudo individual seria uma condição básica primeira para efetivar o desejo de mudança. Seria a condição para se estimular o próprio desejo de mudança. Assim, a condição tempo aliada à condição e oportunidade de orientação provocativa de reflexão, que pode ser exercida pelo coordenador pedagógico, mas também por supervisores, gestores, pesquisadores e pelos próprios professores, comporiam o cenário favorável à mudança de educadores. Cenário já delineado nos relatos apresentados neste artigo.

Podemos distinguir dois tipos de condições para efetivação de mudanças no interior das escolas: aquelas que devem ser garantidas pela gestão de cada sistema educacional, tais como organização do tempo, do espaço, de remuneração dos educadores para que as mudanças sejam construídas por todos, e aquelas condições que passam pela subjetividade de cada educador, como algumas destacadas dos relatos da coordenadora pedagógica por nós acompanhada. Essas condições seriam: disponibilidade para desenvolver autocrítica; disponibilidade para identificar aspectos a serem aprofundados e aperfeiçoados na própria prática; disponibilidade para perceber ritmos e características distintas de perfil dos professores; disponibilidade para leitura e análise de autores e, sobretudo, ou primeiramente, desejo de mudar.

Referências bibliográficas

BRUNO, Eliane B. G. *Tornar-se professora coordenadora pedagógica na escola pública: análise de um processo de formação contínua*. Dissertação (Mestrado em Educação: Psicologia da Educação) PUC, São Paulo, 1998.
CORTELLA, Mario Sergio. *Escola e conhecimento: fundamentos epistemológicos e políticos*. São Paulo: Cortez, 1998.
FREIRE, Paulo. *Educação e mudança*. Rio de Janeiro: Paz e Terra, 1983.
NÓVOA, Antonio. Formação de professores e profissão docente. In: *Os professores e sua formação*. Lisboa: Don Quixote, 1991.
PARÂMETROS CURRICULARES NACIONAIS. Volumes 8 e 10. MEC/Secretaria de Educação Fundamental. 2ª ed. Rio de Janeiro: DP&A, 2000.

O coordenador pedagógico e os sentimentos envolvidos no cotidiano

Marili M. da Silva Vieira*
marrobi@ajato.com.br

Para o coordenador pedagógico, o principal objetivo de sua função é garantir um processo de ensino–aprendizagem saudável e bem-sucedido para os alunos do curso em que atua. Para tanto, ele desempenha várias tarefas no seu cotidiano: tarefas burocráticas, atendimento a alunos e pais, cuidado e planejamento de todo o processo educativo do curso... emergências e imprevistos e, principalmente, a formação em serviço dos professores com os quais trabalha.

Quais as dificuldades enfrentadas pelo coordenador pedagógico? Por que o coordenador enfrenta essas dificuldades? Como ele pode lidar com elas? Seria impossível abordar todas as dificuldades vividas pelo coordenador pedagógico no desempenho de suas funções. Portanto, este texto tem como objetivo tratar da dificuldade de lidar com as resistências, os medos e a insegurança que, algumas vezes, os professores apresentam em relação às mudanças intro-

---

* Doutora pelo Programa de Estudos Pós-graduados em Educação: Psicologia da Educação da PUC-SP.

duzidas em sua prática no processo de formação em serviço e entender como o coordenador pode lidar com eles para não paralisar o desenvolvimento, o crescimento e as mudanças nos professores e no processo de ensino–aprendizagem desenvolvido na escola.

As mudanças na sociedade e seus efeitos no cotidiano da escola

Nos últimos anos, nossa sociedade tem vivido mudanças tecnológicas, econômicas e políticas tanto rápidas quanto profundas. Essas mudanças têm gerado estresse, medo e insegurança diante do desconhecido.

A escola e os processos que nela ocorrem não podem ser compreendidos fora desse contexto social mais amplo.

Na sociedade contemporânea as rápidas transformações no mundo do trabalho, o avanço tecnológico configurando a sociedade virtual e os meios de informação e comunicação incidem com bastante força na escola, aumentando os desafios para torná-la uma conquista democrática efetiva. (Rios, 2001, p. 11)

Todas essas mudanças exigem a formação de um cidadão e trazem exigências e responsabilidades educativas novas. Fica evidente que mudanças na concepção que o povo tem de educação e a necessidade de formar um novo cidadão provocam reformulações no papel do professor. Isso influencia o cotidiano da escola e de seus atores e, de maneira específica, a formação contínua e em serviço do professor e do coordenador pedagógico que já se encontram na carreira há algum tempo.

Formar o novo profissional em serviço implica dialogar com ele continuamente no cotidiano da escola e refletir sobre seu papel, problematizando sua atuação, identificando os erros e as falhas para redirecionar a busca de uma nova prática, consciente e atuante. Da interação que ocorre no interior da escola entre os professores como colegas, com os alunos e os coordenadores decorre a construção de identidades profissionais e a formação de valores, atitudes e concepções de educação, de homem e de sociedade; um processo contínuo e complexo, visando mais do que treinar em novas técnicas e habilidades, mas, sim, refletir sobre e reconstruir a prática cotidiana. Implica a ocorrência de mudança na instituição escolar, no processo de ensino–aprendizagem, sendo este, afinal, o objetivo último da formação do professor. É por isso que a formação em serviço precisa estar ligada à reflexão do professor sobre sua prática diária, tornando-o consciente de suas ações e concepções técnicas, políticas e humano-interacionais (Placco e Silva, 2000).

Contudo, esse processo traz à tona diversas reações e vários sentimentos e mexe com aspectos subjetivos dos envolvidos.

Fatores que geram as emoções e os sentimentos no cotidiano

Como já se apontou, as mudanças que têm acontecido no contexto educacional e na produção de conhecimento têm atingido o professor (e o coordenador), em algumas situações, colhendo-os despreparados psicológica e tecnicamente. Essa surpresa gera medo, sensação de ameaça do seu papel, insegurança, diminuição da autoimagem e resistência. "A perda de controle sobre o meio... é desamparadora" (Codo, 1999, p. 389).

Esteve, ao se referir ao estudo de Milstein, Golaszewski e Duquette (1984), diz que, quando nosso contexto muda, até o mais saudável encontra dificuldade para enfrentar o estresse.

As mais diversas fontes concordam em assinalar que, nos últimos anos, têm aumentado as responsabilidades e exigências que se projetam sobre os educadores, coincidindo com um processo histórico de uma rápida transformação do contexto social, o qual tem sido traduzido em uma modificação do papel do professor, que implica uma fonte importante de mal-estar para muitos deles, já que não têm sabido, ou, simplesmente, não têm aceitado acomodar-se às novas exigências. (Esteve, 1999, p. 28)

As exigências e responsabilidades do professor também mudaram; além de ser especialista em sua área, deve ser especialista no desenvolvimento social do aluno, estar aberto ao mundo exterior e à escola e constituir-se como mediador entre ela e o mundo. Espera-se que o professor exerça as funções de instrutor e formador, transmitindo informações e ajudando o jovem a adotar valores próprios e a desenvolver a capacidade de tecer juízos críticos sobre as informações conflitantes que recebe. Para isso, deve estar atualizado com as transformações econômicas, sociais e culturais, participar da planificação e da gestão da escola e ser um modelo de adulto. As pressões são grandes para o professor, uma vez que, por ganhar pouco e trabalhar muitas horas (além do saudável), ele não tem nem tempo, nem dinheiro para se manter atualizado, no nível daquelas exigências.

O professor vê, assim, negado seu antigo papel de transmissor de conhecimento e possuidor de poder e, com frequência, se vê questionado em seu exercício docente.

Frequentemente, esses professores abrigam sentimentos de comiseração em relação a si mesmos e ao estado atual em que se encontra a profissão docente, sem conseguir a imaginação necessária para reconstruir suas funções docentes em um nível mais adequado à mudança do contexto social das instituições educativas. (Esteve, 1999, p. 38)

No processo de formação em serviço, por meio do qual o coordenador deve intencionalmente instigar e instalar mudanças, haverá, também, diversos sentimentos em processo. De acordo com Rios (2001), refletir significa desconstruir, envolve indagar, questionar e avaliar a prática cotidiana. Desconstruir para reconstruir melhor e diferente poderá, muitas vezes, doer. Sentimentos negativos são gerados quando os professores e coordenadores se defrontam com desafios para que mudem suas práticas nas salas de aula. Reagem com medo, insegurança e frustração. Cotidianamente, vivemos, professores e coordenadores, situações que nos geram estes sentimentos e interferem em nossas decisões e ações. Lidar com eles de maneira sábia é um desafio para todos nós.

Todas as questões mencionadas, e tantas outras externas à escola e à vida profissional que influenciam o professor e as suas emoções, seu humor, adentram a escola, a convivência dele com seus alunos e famílias, seus colegas e coordenadores. Caberá ao coordenador pedagógico gerenciar estas situações e lidar com os diversos sentimentos dos professores para dar continuidade saudável ao processo de ensino aprendizagem. Além de lidar com os sentimentos dos professores, dos alunos e pais e dos gestores da escola, o coordenador pedagógico irá trabalhar também com os seus próprios e com o fato de que, muitas vezes, os sentimentos demonstrados por cada um dos participantes da escola são contraditórios entre si. Portanto, torna-se importante compreender a afetividade humana e encaminhar as situações com sabedoria. Conhecer o papel das emoções e dos sentimentos no ser humano poderá facilitar o enfrentamento de situações cotidianas que surgem no trabalho.

As emoções e os sentimentos da pessoa no cotidiano

Na teoria de Wallon, encontramos alguns subsídios para nos auxiliar na compreensão das emoções e dos sentimentos que agem no ser humano, com os quais temos de lidar, pois o professor é uma pessoa.

Para Wallon (Mahoney e Almeida, 2003; Dantas, 1992) a pessoa é um ser inteiro, integrado, que abrange as dimensões afetiva, cognitiva e de movimento. Assim, uma pessoa, em nosso caso o professor, deve ser analisada em todas as suas dimensões, que são interdependentes, mesmo havendo, por vezes, preponderância de uma sobre as outras.

> Essas dimensões estão vinculadas entre si, e suas interações em constante movimento; a cada configuração resultante, temos uma totalidade responsável pelos comportamentos daquela pessoa, naquele momento, naquelas circunstâncias.
>
> O motor, o afetivo, o cognitivo, a pessoa, embora cada um desses aspectos tenha identidade estrutural e funcional diferenciada, estão tão integrados que cada um é parte constitutiva dos outros... Uma das consequências dessa interpretação é de que qualquer atividade humana sempre interfere em todos eles. (Mahoney, 2003, p. 12 e 15)

A dimensão afetiva ocupa lugar central na teoria de desenvolvimento de Wallon. A emoção constitui o ponto de partida para o psiquismo. Pela emoção o recém-nascido, tão desprovido de recursos, consegue sobreviver. Por exemplo, é por meio do choro (causado por algum desconforto) que o bebê se comunica e é atendido em sua necessidade.

O exemplo nos mostra que um dos traços característicos da emoção é sua contagiosidade. Pela emoção o bebê atinge o outro e é atingido por ele. Essa necessidade do outro, para dar significado a si e às coisas, é o que torna o homem um ser social. Esse movimento eu–outro acompanha o desenvolvimento da pessoa durante toda a sua vida, influenciando sua cognição e sua afetividade.

... as emoções que são a exteriorização da afetividade (...). É nelas que se assentam os exercícios gregários, que são uma forma primitiva de comunhão e de comunidade. As relações que eles tornam possíveis afinam os seus meios de expressão e fazem deles instrumentos cada vez mais especializados. (Wallon, 1995, p. 143)

O movimento eu–outro, neste nosso caso, é do professor–coordenador. Dada a contagiosidade da emoção, o coordenador precisa estar atento para não se embaralhar nas emoções dos professores, sem perder, no entanto, a sensibilidade a elas, correndo o risco de não atender às necessidades dos professores.

É na possibilidade de comunicação entre as pessoas que a emoção tomará a forma de sentimento, pois é por meio da representação, da interpretação por palavras ou gestos, que a emoção toma um sentido mais racional. "Os sentimentos se caracterizam por reações mais elaboradas, pensadas, são subjetivos e mais duradouros que as emoções" (Dourado, 2000, p. 31).

De acordo com Dantas (1992, p. 88), "a emoção traz consigo a tendência para reduzir a eficácia do funcionamento cognitivo". Quanto menos recursos cognitivos uma pessoa tiver para enfrentar novas situações, maior será a sua emotividade.

Por outro lado,

À medida que o ser humano se desenvolve, suas emoções se desenvolvem, sua afetividade se torna cognitiva. Fica clara a relação entre emoção e inteligência: ambas se nutrem reciprocamente, cognição e emoção evoluem *pari passu*, uma influenciando a outra, numa forte relação. Assim, "as conquistas do plano afetivo são utilizadas no plano cognitivo e vice-versa, numa marcha cujo ponto de partida e de chegada é a construção da personalidade". (Dantas, 1993, p. 75, apud Pinheiro, 1995, p. 73)

Portanto, estar atento aos efeitos da afetividade é importante no trabalho de formação em serviço desenvolvido com o professor, pois haverá sempre um efeito dela no professor, ao vivenciar o processo de mudança.

Os efeitos do medo gerado por uma mudança, por exemplo, podem ser desde manifestações orgânicas até o desânimo intelectual. Esse é um dado de extremo valor para um educador, para um coordenador pedagógico empenhado em trazer mudanças e aprendizagens a um grupo de professores, pois o desânimo pode paralisar um processo de produção intelectual, um processo de criação de novas concepções de educação.

A supremacia da emoção pode prejudicar o raciocínio, pode paralisar a produção cognitiva. Há necessidade de se manter um equilíbrio entre ambos. No entanto, a inteligência necessita de tormentas de emoção para estimular seu desenvolvimento.

Precisamos, juntamente com os professores, olhar para e nomear as emoções (deles e nossas), trazendo-as para o plano cognitivo, refletindo sobre elas num processo sistemático, coletivo e individual, para reorientar nossa ação e não facilitar a supremacia da emoção e o consequente bloqueio do crescimento e desenvolvimento do trabalho educacional que se deseja alcançar.

É nesse aspecto que se torna importante um trabalho de aprendizagem, com qualquer faixa etária, não apenas entre professores e alunos, mas também entre coordenadores e professores, que leve em consideração a afetividade, pois condições afetivas favoráveis facilitam a aprendizagem e a realização de qualquer tarefa. Esta é, na realidade, a função da emoção, ou seja, a organização e a sustentação da realização de diferentes tarefas.

Portanto, a escola, ao cumprir sua função principal, ligada ao desenvolvimento dos processos cognitivos, não pode, em hipótese alguma, desconsiderar os componentes afetivo-emocionais presentes no processo de construção do conhecimento em todos os níveis de escolaridade... (Pinheiro, 1995, p. 73, 74)

É importante que o coordenador pedagógico, como líder de um processo de mudança e, consequentemente, de aprendizagem, valorize os componentes afetivo-emocionais no processo de formação contínua desencadeado por ele, com os professores.

Assim, o educador Walloniano entende que o grande desafio é manter o equilíbrio entre a razão e os sentimentos, equilíbrio este fundamental para a realização de tarefas e situações nas quais o indivíduo se envolve no dia a dia e que, muitas vezes, exigem elaborações mentais bastante complexas. (Pinheiro, 1995, p. 75)

Lidando com a afetividade do professor no cotidiano

É preciso lembrar que a maioria dos professores teve formadores com concepções tradicionais de ensino, tanto na sua formação básica como na sua formação inicial para o exercício da profissão, e que as mudanças que ocorrem hoje na educação suscitarão sentimentos tais como frustração, medo, ira, submissão, sentimento de inferioridade diante da hierarquia (coordenador, diretor), sentimento de despreparo, baixa autoestima, cautela, desconfiança, insegurança, ansiedade, depressão, tristeza etc., e poderão, se não forem bem trabalhados, ocasionar rupturas e/ou paralisações no processo de mudança desejado, instalando-se uma crise.

Há diversas maneiras de se considerar a afetividade no trabalho. Mas acreditamos que a comunicação será um dos instrumentos mais eficazes para isso.

O falar e o ouvir são formas de expressar os sentimentos. Será que o coordenador tem se utilizado desse instrumento para que o professor possa tomar consciência de suas próprias emoções e, assim, trabalhar e redimensionar suas ações e reações? A possibilidade de expor para o outro, em palavras ou em gestos, o que se sente reduz o efeito paralisador da emoção. Há, dessa forma, troca de valores como solidariedade, cooperação e respeito; e nessa troca, fortalecimento do sentimento de segurança no indivíduo. Lembro aqui Almeida (2001) quando escreve sobre o falar autêntico, o ouvir ativo e o olhar atento, que são habilidades de relacionamento interpessoal. Esse relacionamento precisa ser construído entre professor e aluno e coordenador e professor; espaço de autenticidade, verdadeira comunicação.

Então, não é uma crise intransponível. É apenas uma das dificuldades que o coordenador terá de enfrentar. Os sentimentos negativos que alguns professores podem estar apresentando não irão necessariamente paralisar o processo de crescimento e desenvolvimento pelo qual o grupo está passando. Se levados em consideração e trabalhados adequadamente, esses mesmos sentimentos poderão ser impulsionadores de novas buscas de conhecimento, consequentemente de crescimento.

É necessário que o coordenador pedagógico reconheça, no grupo de professores com quem trabalha, os sentimentos que vão surgindo no processo de formação continuada que se propõe, identificando-os e proporcionando momentos para os professores os exprimirem, para os compreenderem e equilibrarem, favorecendo, desta forma, a continuidade das mudanças na concepção de educação do professor e em suas práticas.

Para tanto, torna-se importante fazer parte do projeto pedagógico da escola encontros sistemáticos entre os professores e a coordenação, com o fim de problematizar a prática e coletivamente expressar medos e angústias. Encontros entre o coordenador e o professor individualmente são igualmente importantes. Dentro desses dois espaços, o coordenador poderá criar um clima de parceria, de troca e crescimento, para, a partir desse vínculo, identificar os sentimentos dos professores, favorecer a expressão pensada e verbalizada desses sentimentos e criar situações que possam se tornar fatores impulsionadores de novas buscas, crescimento e mudanças no processo de ensino/aprendizagem.

Referências bibliográficas

ALMEIDA, Laurinda R. O relacionamento interpessoal na coordenação pedagógica. In: ALMEIDA, Laurinda R., PLACCO, Vera Maria N. S. (orgs.). *As relações interpessoais na formação de professores.* São Paulo: Loyola, 2002.

CODO, Wanderlei. *Educação: carinho e trabalho: Burnout, a síndrome da desistência do educador, que pode levar à falência da educação.* Petrópolis: Vozes, 1999.

DANTAS, Heloysa. A afetividade e a construção do sujeito na psicogenética de Wallon. In: DE LA TAILLE, Yves, OLIVEIRA, Marta K., DANTAS, Heloysa. *Piaget, Vigotski e Wallon:* teorias psicogenéticas em discussão. São Paulo: Summus, 1992.

DOURADO, Ione. *Concepção de afetividade segundo uma professora de 8ª série.* Dissertação (Mestrado em Educação: Psicologia da Educação), PUC-SP, 2001.

ESTEVE, José M. *O mal-estar docente:* A sala de aula e a saúde do professor. São Paulo: EDUSC, 1999.

MAHONEY, Abigail A., ALMEIDA, Laurinda R. *Henri Wallon: psicologia e educação.* São Paulo: Loyola, 2003.

PINHEIRO, Maria Mersilda. *Emoção e afetividade no contexto da sala de aula: concepções de professores e direções para o ensino.* Dissertação (Mestrado em Educação: Psicologia da Educação), PUC-SP, 1995.

PLACO, Vera M. N. S., SILVA, Sylvia H. S. A formação do professor: reflexões, desafios, perspectivas. In: BRUNO, Eliane, ALMEIDA, Laurinda, CHRISTOV, Luiza (org.). *O coordenador pedagógico e a formação docente.* São Paulo: Loyola, 2000.

PLACCO, Vera M. N. S. *Formação e prática do educador e do orientador: confrontos e questionamentos.* Campinas: Papirus, 1994.

RIOS, Terezinha. *Compreender e ensinar: por uma docência da melhor qualidade.* São Paulo: Cortez, 2001.

VIEIRA, Marili. *Mudança e sentimento: o coordenador pedagógico e os sentimentos dos professores.* Dissertação (Mestrado em Educação: Psicologia da Educação), PUC-SP, 2002.

O coordenador pedagógico e o atendimento à diversidade

Vera Lucia Trevisan de Souza*
jvfb@ig.com.br

*"O real não está nem na chegada nem na saída.
Ele se dispõe para a gente é no meio da travessia."*
(Guimarães Rosa)

As considerações apresentadas neste texto são fruto de reflexões sobre algumas experiências que tenho vivido com coordenadores pedagógicos ao longo dos últimos quinze anos. Experiências diversas, entre as quais se inclui minha própria vivência como coordenadora de educação infantil e ensino fundamental, função que exerci de 1988 a 1997, e outras, mais recentes, em que, como professora em cursos de pedagogia e psicopedagogia, tenho podido dialogar com coordenadores e conhecer as angústias e os conflitos que experimentam no exercício de suas funções.

---

* Professora da Pós-graduação em Psicologia da PUC-Campinas. Doutora pelo Programa de Estudos Pós-graduados em Educação: Psicologia da Educação da PUC-SP.

Ainda como espaço de troca de saberes e experiências, soma-se minha convivência de dois anos com uma escola pública estadual, na qual realizo minha pesquisa de doutorado. Essa convivência tem se constituído como possibilidade de acessar a complexidade de relações que caracteriza o trabalho do coordenador, nesse caso coordenadora. Suas responsabilidades e seus contatos diários envolvem desde a Diretoria de Ensino até os pais e a comunidade, passando por professores, alunos, direção, pessoal de apoio, da merenda, do material escolar etc.

É sobre essa complexidade que se tecem considerações, buscando identificar os "nós" que emperram o trabalho do coordenador — o qual consideramos uma "rede" de relações —, e, na medida do possível, algumas contribuições que favoreçam o desenvolvimento, se não de sua prática, pelo menos de suas reflexões.

O significado de coordenar

No dicionário *Aurélio* (1998), encontramos a seguinte definição para a expressão *coordenar*: "dispor segundo certa ordem ou método... organizar, arranjar, ligar, ajuntar por coordenação". A definição trazida pelo Dicionário Larrousse Cultural (1999) é bastante semelhante: "dispor em certa ordem, segundo determinado sistema, organizar, arranjar".

Essas definições, relativas ao significado da palavra coordenar, embora aparentemente simples, possibilitam-nos depreender alguns significados explícitos do ato de coordenar: só há necessidade de coordenar quando temos mais de um elemento, seja material ou humano. Assim, no caso do coordenador pedagógico, ele estará, permanentemente, em relação com grupos. Logo, pode-se dizer que o ato de coordenar implica, necessariamente, lidar com *grupos*.

Embora essas definições já nos tragam elementos para pensar sobre o significado da palavra em relação à atividade do coordenador pedagógico, acreditamos que a definição da expressão *coordenador* acrescenta significados relevantes para nossa reflexão: "relativo a, ou que produz coordenação" (*Aurélio*, 1998) e "que ou quem coordena. Indivíduo incumbido de orientar, harmonizar, coordenar o trabalho de um grupo" (*Larousse Cultural*, 1999).

Podemos, a partir das definições dos dicionários, postular uma primeira descrição da função de coordenador, pedagógico ou com outras adjetivações: é aquele que organiza, orienta e harmoniza o trabalho de um grupo, por intermédio de determinados métodos, de acordo com o sistema ou contexto em que se insere.

De acordo com essa descrição, organizar, orientar e harmonizar seriam competências inerentes ao coordenador, uma vez pressupostas no significado literal das palavras: *coordenar e coordenador*. Logo, no caso do coordenador pedagógico, ele deveria saber organizar, orientar e harmonizar o grupo de professores, alunos, equipe de apoio e pais de sua unidade escolar.

Observe-se que o significado de coordenar já traz em si certa complexidade, que difere em muito de outras funções, pela diversidade de relações que envolve. Isso sem considerar essa função exercida no espaço escolar, no qual os grupos se caracterizam pela diversidade, os tempos são entrecortados pelas rotinas de aulas, as interações são múltiplas — ora do coordenador com os professores, ora com alunos, ora com os pais, ora com o diretor, ora com a Diretoria de Ensino etc., e o tempo para essas interações é exíguo, geralmente restrito ao horário dos intervalos, reuniões pontuais, entrada e saída e em HTPCs. Logo, se a função de coordenador já é complexa independentemente do sistema ou contexto em que é exercida, no caso da escola deve-se considerar que essa complexidade assume níveis muito mais elevados e precisa ser considerada quando se discute sobre o trabalho do coordenador pedagógico. Questão que necessita ser contemplada nas propostas de formação inicial e permanente desse profissional.

A natureza da complexidade

Perrenoud (2001, p. 30) diz que,

Devido à divisão do trabalho, em uma organização o responsável é "condenado à complexidade". É bom saber disso quando nos tornamos diretores ou professores, ou teremos de mudar de profissão se o descobrirmos tarde demais!... Por isso, falar de complexidade significa falar de si mesmo e dos outros diante da realidade. Significa questionar nossa "representação" e nosso "controle" do mundo, especialmente do mundo social... verificar quais são nossas ferramentas de compreensão, de antecipação e de ação.

Se entendemos a tarefa de coordenar como complexa, caberia aqui explorar o conceito de complexidade, assim como sua implicação no cotidiano da escola e, sobretudo, em relação à interferência desse pressuposto na função do coordenador. Isso porque entendemos que compreender a natureza da função que desempenhamos, assim como a forma como pensamos ou enxergamos essa natureza, pode trazer modificações significativas às nossas ações.

A reflexão sobre a complexidade tem sido feita por filósofos da ciência, por pesquisadores das áreas de astronomia, física, biologia, psicologia e sociologia, que buscam compreender o porquê de a realidade resistir aos seus modelos, sobre o porquê da impossibilidade de simplificar a realidade, reduzindo-a à composição de leis ou partículas elementares que permitam compreendê-la.

Segundo Edgard Morin (1977, p. 379), "a complexidade corresponde à irrupção dos antagonismos no seio dos fenômenos organizados". Isso quer dizer que a complexidade está na base do pensamento, da ação, da organização, e nós não podemos, portanto, nos livrar dela.

Pensando na escola como espaço organizado, com grupos distintos, programas e rotinas, não é possível concebê-la sem antagonismos, os quais geram conflitos permanentes.

Perrenoud (2001, p. 31), falando sobre a complexidade na educação, diz que "para dominar a complexidade devemos conseguir 'pensar essas contradições de forma conjunta'". Mas quais seriam as contradições presentes na educação? Há várias, que operam em diversos níveis da organização escolar: na sala de aula, na escola, no sistema educativo. As contradições dar-se-iam "entre as pessoas e a sociedade, entre a unidade e a diversidade, entre a autonomia e a dependência, entre a invariância e a mudança, a harmonia e o conflito, entre a igualdade e a diferença" (p. 31).

Entendemos que compreender essas contradições possibilitaria ao coordenador desenvolver ações para enfrentá-las. Daí optarmos por discorrer sobre cada uma delas.

Perrenoud (2001, p. 32) identifica uma série de características que estariam na base da relação entre a pessoa e a sociedade, no que concerne à ação da educação. Nessa relação estariam em jogo "a preservação das tradições, dos valores, da ordem das coisas, assim como de forma mais pragmática, a continuidade no funcionamento das organizações... a manutenção dos privilégios dos mais abastados e do poder dominante". A educação padeceria com essa tensão permanente, não podendo livrar-se dela, pois nas salas de aula estariam em jogo, permanentemente, "o compromisso com o respeito pelas pessoas, suas necessidades, seus ritmos, seu pensamento e as exigências do programa de ensino, do trabalho, da avaliação, do horário e da coexistência".

Em relação à contradição entre a unidade e a diversidade, o autor diz:

Educar e instruir é fazer com que o aprendiz compartilhe uma cultura, "aceite uma herança", que se adéque [sic] a formas de pensar, de sentir, de comunicar. Nesse sentido a escola tem, historicamente, o poder de "normalizar" para favorecer a coexistência entre pessoas diversas. (p. 32)

Ocorre que, ao desempenhar essa função que lhe é legítima, a escola acaba por negar a diversidade de modos de pensar e de viver das pessoas, em prol de uma cultura escolar sustentada pela racionalidade. Os conflitos resultantes dessa tensão acabam, inevitavelmente, na sala do coordenador pedagógico ou nas reuniões de HTPCs, as quais, muitas vezes, ocupam integralmente o tempo.

Penso que é negada não só a diversidade de alunos, mas também a de professores. De alguma forma, o coordenador pedagógico espera que seu grupo seja homogêneo, que aceite enquadrar-se no que o sistema entende como professor, padronizando seus saberes ou mesmo recusando-os para impor os seus, negando suas individualidades, suas crenças e seus valores. É de esperar que essa tensão de relações gere conflitos entre o grupo de professores e a coordenação; entre o grupo de professores, a coordenação e a direção; entre a escola e o sistema de ensino.

Outra contradição presente na escola é a da autonomia e dependência. Segundo Perrenoud (2001, p. 33), essa contradição aparece, sobretudo, nas relações de ensino–aprendizagem e é geradora de conflitos à medida que, para favorecer o desenvolvimento da autonomia, o educador deveria trabalhar em prol de seu desaparecimento, de se tornar prescindível.

Do mesmo modo, entendemos que o coordenador, na relação com o grupo de professores, também deveria ter como objetivo a autonomia do grupo e trabalhar para sua própria "morte" — quando o grupo, de tão autônomo, já não precisaria dele. Ocorre que não é simples trabalhar com esse objetivo, o que significa pôr em jogo a autoestima, a competência e a crença na força do trabalho.

Nessa direção, é preciso considerar outra contradição apontada por Perrenoud (2001), relativa à invariância e à mudança. Essa contradição está diretamente relacionada à constituição da identidade dos atores da escola, cujo processo envolve sempre mudança, mas que deve levar em conta a *mesmidade* de cada ser, de cada pessoa com sua singularidade. O que confere a essa relação o caráter de contradição é que muitas vezes esperamos que os sujeitos do processo educativo mudem, transformem-se de acordo com nossas expectativas, nossos objetivos, e não respeitamos as identidades no que diz respeito às singularidades de cada um. Contudo, sabemos que a mudança é necessária e mesmo imprescindível no processo de ensino–aprendizagem, mas cada um apreende os saberes, os valores e crenças a seu modo e manifesta essa apropriação também de maneira própria. Enfim, há que se abandonar o *sonho da homogeneidade*, se é que se pretende respeitar singularidades e favorecer a constituição de identidades no processo educativo.

O mesmo vale para o coordenador pedagógico com seu grupo de professores: não é possível esperar que todos pensem igual, que passem a ter a mesma crença do grupo, da escola, que concordem e desenvolvam as mesmas práticas em sala de aula ou nas HTPCs. Cada professor é único, com experiências *sui generis*, com crenças e valores que o constituem, e é com essa identidade que desenvolverá sua ação pedagógica. O desafio do coordenador é dimensionar a mudança necessária para, ao ter claros seus objetivos, poder avaliar seu trabalho e replanejar seu caminho com o grupo. Conhecer as identidades em relação, por meio de observações de diversas atividades, seu registro e reflexão parece ser um caminho promissor. Isso porque nesse processo identificamos uma quinta contradição também apontada por Perrenoud (2001): a abertura e o fechamento. Um sistema, uma escola ou uma equipe pedagógica não pode ser aberta demais ou fechada demais, sob pena de perder sua identidade ou de asfixiar-se sem renovação. Encontrar a dimensão de abertura ao novo sem perder a identidade parece ser outro grande desafio do coordenador pedagógico enquanto líder do processo educativo na escola, uma vez que o que presenciamos muitas vezes é a queixa de professores de que a todo momento são demandados a assumir, executar, apropriar-se de uma "avalanche" de novas concepções e práticas pedagógicas, com as quais não se identificam e nem tampouco dominam.

Parece que o novo é visto sempre como ameaçador, como usurpador de identidades docentes, quando, na verdade, deveria ser entendido como possibilidade efetiva de implementação de práticas pedagógicas mais coerentes com as necessidades dos alunos. É fato que essa contradição, no nosso entender, tem sido mobilizadora de grandes conflitos entre o grupo de professores e o coordenador, figura que é diretamente cobrada pelo sistema de ensino que deseja mudar o modo de ensinar da escola.

Todavia, enfrentar essa contradição entre a abertura para o novo e a manutenção da identidade da escola, do trabalho escolar, implica, em primeiro lugar, não a negar e, em segundo, conhecer o trabalho desenvolvido, seus resultados efetivos, tendo clareza do que deve permanecer e do que é necessário mudar, sem deixar levar-se pela crença em métodos "milagrosos" nem tampouco pelas promessas de inovação da educação. Essa atitude permitiria viver essa contradição de forma um pouco mais harmoniosa, isso porque a presença de harmonia e conflito é outra contradição permanente na escola e não é possível nos livrarmos dela. Perrenoud (2001, p. 34) diz que "... a educação contém em si mesma o sonho de harmonia", embora saibamos que sem conflito não há aprendizagem nem mudanças sociais. Ocorre que nenhum grupo sobrevive por muito tempo se submetido a conflitos permanentes, assim como nenhum grupo cresce sob constante harmonia. Logo, necessário se faz dosar o nível de conflito que desequilibre o grupo, de maneira que não o assuste, não o paralise, mas mobilize-o na busca de soluções. Soluções essas sempre temporárias, pois novos conflitos irão se instaurar, justamente porque essa contradição está relacionada com todas as demais, referidas até aqui, e ainda com uma última que queremos comentar: a igualdade e a diferença.

Segundo Perrenoud (2001), atualmente, esperamos que a escola ofereça a todos uma mesma cultura básica, em nome da igualdade de oportunidades resultante do processo de democratização. Entretanto, não é possível conciliar essa exigência de igualdade com a diversidade de interesses, de crenças e de valores. Ou seja, a igualdade de oportunidades não significa tratar a todos do mesmo modo, mas criar condições para que todos tenham acesso às mesmas oportunidades, o que demanda aprender a trabalhar com a diversidade.

O trabalho com grupos no exercício da diversidade

Se é verdade que o coordenador pedagógico está fadado a lidar com grupos, necessário se faz discutir as implicações dessa condição, tomando por base as seguintes questões: Quais são os grupos que encontramos na escola? Quais suas características? Que tipo de demanda esses grupos apresentam? Quais dessas demandas devem ser atendidas pelo coordenador pedagógico?

Antes, porém, de tratar dos grupos que habitam a escola, é necessário esclarecer que este texto não tem a pretensão de discutir o conceito de grupo, suas características ou mesmo os processos de sua constituição*, embora consideremos essas questões essenciais, sobretudo para o trabalho do coordenador. O que se pretende aqui é abordar as relações do coordenador pedagógico com os diferentes grupos, da perspectiva da lógica que regula essas relações, a qual apresentaremos mais adiante.

A escola é um espaço social formado por diversos grupos — de alunos, professores, pais, equipe de apoio e equipe técnica (diretor e coordenadores). Dentro da escola esses grupos ainda sofrem várias subdivisões: professores do período da manhã e da tarde, professores de tal série, alunos da primeira série, alunos das primeiras séries e assim por diante. Sem se ater a todas essas especificidades, vamos tratar dos grandes grupos que habitam a escola: de professores, de alunos e de pais, além do sistema educacional, representado pela Diretoria de Ensino, na relação com a coordenação pedagógica.

Cada grupo tem características e demandas particulares em relação ao coordenador pedagógico, e são essas demandas que ditam os papéis que o coordenador deverá desempenhar na escola.

O grupo de alunos caracteriza-se por uma diversidade crescente. Em uma primeira série, por exemplo, encontramos alunos que já leem e escrevem, alunos que escrevem o nome e algumas palavras, alunos que não conhecem palavras etc. Alguns frequentaram pré-escolas, outros nunca foram à escola e, portanto, não têm experiência de rotina escolar. Alguns são mais quietos, com um padrão de comportamento mais aceito pelos professores. Outros, inquietos, têm muita dificuldade em permanecer sentados em um mesmo lugar por algum tempo. Logo, podemos dizer que os alunos apresentam diferentes recursos no que concerne à aprendizagem e grande variedade de comportamentos, no que se refere a valores e crenças. Essa diversidade confere aos grupos de alunos um caráter de heterogeneidade que demanda dos professores mais do que o

---

* Sobre grupos recomendamos as leituras de Vera T. SOUZA, O coordenador pedagógico e a constituição do grupo de professores. In: *O coordenador pedagógico e o espaço da mudança*. São Paulo: Loyola, 2001; e Madalena FREIRE, *Grupo: indivíduo, saber e parceria*. São Paulo: Espaço Pedagógico, 1993.

planejamento dos conteúdos a serem ensinados em determinada série ou ciclo, assim como demanda da escola mais do que espaço físico, material didático e ensino de conteúdos.

A escola, para atender à diversidade dos grupos que a habitam, precisa compreender as especificidades da educação, sobretudo no que concerne à sua função social de promover o desenvolvimento e a transformação dos alunos, rumo ao aprimoramento do exercício da cidadania, no que se refere ao gozo de seus direitos e deveres. Um desenvolvimento e uma transformação que conservam a singularidade de cada sujeito, por respeitar ritmos próprios, valores e crenças oriundos de suas histórias.

Isso significa que a escola, além de suas metas gerais para todos os alunos, precisa ter metas para cada grupo, para cada aluno. Esse movimento entre o individual e o coletivo, o singular e o social, coloca para o coordenador pedagógico o desafio de articular ações — de reflexão, de planejamento, de ensino — com todos os demais grupos da escola, para que se promova a educação.

Ocorre que a escola não está preparada para enfrentar esse desafio. O que observamos no cotidiano escolar é a surpresa dos professores com essa diversidade — seja do ponto de vista do conhecimento prévio que se espera do aluno, seja em relação aos comportamentos e atitudes previstos para aquela faixa de idade. Essa falta de preparo da escola resulta em grande demanda para o coordenador pedagógico, que é chamado para resolver conflitos na sala de aula, que recebe em sua sala alunos que os professores *mandaram para a coordenação* por atitudes inadequadas em sala de aula, que atende a pais insatisfeitos com alguns encaminhamentos ou que foram chamados para discutir sobre o comportamento de seus filhos na escola, que tem de justificar para a Diretoria de Ensino o porquê de alguns alunos não atingirem a aprendizagem esperada, ou ainda socorrer professores que perderam o controle diante de atitudes dos alunos.

O grupo de professores também caracteriza-se pela diversidade — diferentes histórias de vida, diferentes experiências de formação, de ensino, de tempo na profissão e de motivação para o trabalho. Alguns acabaram de ingressar na carreira, outros estão próximos da aposentadoria. Alguns escolheram aquela escola porque realmente queriam trabalhar lá, outros porque foi a única que sobrou. Alguns moram nas proximidades, têm carro próprio; outros moram longe, utilizam-se de transporte público. Alguns têm boa condição socioeconômica, outros trabalham para sobreviver. Alguns trabalham só em uma escola, outros trabalham em duas e até três. Alguns trabalham meio período, outros o dia todo, ou ainda manhã, tarde e noite.

Esse caráter de diversidade de experiências e contextos constitui o professor como mais reflexivo e consciente de sua função, que crê na possibilidade de transformação e investe em seu ensino ou, em situação extrema, como um profissional cansado e descrente, que "vai levando", algumas vezes "empurrando com a barriga", enquanto não chega a aposentadoria. Logo, podemos dizer que a motivação do professor para o ensino está condicionada à diversidade: de experiências, de formação e de objetivos singulares.

É com essa diversidade que o coordenador se defronta e que deve trabalhar. O grupo de professores é o seu foco de atuação na escola e lidar com ele implica considerar suas especificidades, identificando suas demandas e promovendo ações para atendê-las.

Pelas considerações tecidas até aqui, podemos dizer que o coordenador pedagógico tem um desafio duplo: trabalhar um grupo de professores cuja característica é a heterogeneidade, orientando-o/preparando-o para lidar com a diversidade — com grupos heterogêneos. Essa condição do coordenador tem um caráter especular à medida que reproduz a relação do professor com os alunos, e acreditamos ser ela o principal desafio que o coordenador enfrenta no desempenho de seus diversos papéis. Essa questão será retomada mais adiante.

O grupo de pais também é diverso. Composto em sua maioria por mães, não se constitui como grupo, uma vez que só se encontram em reuniões pontuais, em que o quórum sempre deixa a desejar. Algumas têm presença frequente — sempre conversam com as professoras, com a coordenadora e até com o diretor. Outras dificilmente aparecem, às vezes só no final do ano, sobretudo se o filho não teve bom desempenho. De modo geral, os pais ainda estão muito distantes da escola e, muitas vezes, transferem para ela o dever de educar seus filhos.

O grande desafio do coordenador pedagógico em relação aos pais é criar canais de comunicação e convencê-los de que devem participar do processo educacional de seus filhos em parceria com a escola. Estabelecer o que é responsabilidade da família e o que é função da escola, na discussão com o grupo de professores, equipe técnica e pais, constitui condição para que se efetive a parceria tão necessária para resultados positivos na formação dos alunos. Para tanto, é necessário "derrubar" concepções de professores de que a "boa educação" vem do "berço" e de que, se o aluno desrespeita, é porque os pais não o ensinam a respeitar e, de outro lado, a ideia de muitos pais de que a escola tem de dar conta da formação da criança e do jovem, podendo ele se desincumbir dessa função. Os conflitos resultantes dessa maneira de pensar de pais e professores são geradores de verdadeiros "transtornos" para o coordenador pedagógico, que assiste, permanentemente, a uma troca de acusações entre professores e pais, que insistem em culpar-se uns aos outros sobre os insucessos dos alunos, sem assumir, entretanto, as partes que lhes cabem no complexo processo de formar as novas gerações.

Como se não bastassem os desafios que os grupos de alunos, professores e pais oferecem ao coordenador pedagógico, há ainda, de outro lado, as pressões advindas de instâncias superiores, sejam elas exercidas por diretores e/ou pelos próprios mantenedores de escolas particulares ou por diretores e supervisores da escola pública, cuja Diretoria de Ensino tem metas político-pedagógicas a alcançar.

A natureza dessa relação é de conflito permanente, uma vez que o coordenador se encontra com o limite entre o ideal (aquilo que entende e concebe como correto, como necessário, como imprescindível para uma educação de qualidade, de acordo com suas crenças) e o possível (que lhe é imposto pelo contexto ou sistema em que se insere a escola).

Essa condição demanda do coordenador grande esforço no sentido de manter o equilíbrio emocional aliado à capacidade de discernimento e reflexão, para que possa não abandonar seus princípios e crenças, o que o levaria ao conformismo, e nem impor suas ideias e crenças, o que inviabilizaria a continuidade de seu trabalho na instituição. Os sentimentos vividos pelo coordenador, nessa relação, são de frustração, de impotência e de indignação.

Outra questão complicada é a carga de trabalho burocrático que o coordenador recebe, a qual, muitas vezes, ocupa quase todo o seu tempo, deixando-lhe poucas possibilidades para desempenhar suas funções pedagógicas, o que se agrava quando ele as concebe como as mais importantes entre suas funções.

O coordenador pedagógico e a relação com o outro: igual, diferente — espelho

Uma vez identificadas as demandas do trabalho do coordenador, tomando por base os principais grupos com os quais se relaciona, é hora de tecer considerações sobre as características das relações presentes nos processos de interação na escola, dentro dos grupos e intergrupos.

Os membros de um grupo, sejam eles alunos, professores ou outros, tendem a acreditar que estão juntos porque são iguais — pensam igual, desejam as mesmas coisas, têm os mesmos objetivos. Mobilizados por esses sentimentos ou percepções é que os membros de um grupo maior dividem-se e formam os pequenos grupos, que, muitas vezes, chamamos de "panelinhas", fazendo alusão ao ato de se colocar vários ingredientes em um mesmo recipiente e tampar: dali não sai nem entra nada que não corresponda àquele padrão, segundo os critérios de seleção do grupo.

É possível dizer, então, que a concepção de grupo vivido de tal maneira tem por base a crença no homogêneo, sustentada pelo sonho do autoritarismo, uma vez que só se admite o que se aceita como igual, o que espelha o que se quer ver. Essa forma de agrupamento livra-se do conflito, pois o diferente nem sequer é levado em consideração e as divergências não se manifestam. Logo, na relação com o outro, tomando por base seu caráter especular, só vejo o que corrobora minha maneira de pensar, minhas crenças e meus valores. Todavia, se não há conflitos, não há mudanças e o grupo não cresce, não avança em novas concepções e/ou reflexões sobre o motivo que os une, seja ele grupo de professores, de alunos ou equipe técnica.

Esse movimento característico de grupos de amigos não deveria, segundo Freire (1999), ser o mesmo em grupos de trabalho, que têm objetivos comuns a alcançar. Entretanto, o que observamos nos grupos é que, muitas vezes, o "sonho" do homogêneo é o grande mobilizador, tanto no que se refere ao próprio trabalho do grupo como em relação ao que se espera dos alunos. Ou seja, o grupo de professores acredita que deve ou pode ter o mesmo planejamento e até mesmo atividades idênticas, independentemente do seu grupo classe e, de outro lado, espera que os alunos também sejam "iguais", que respondam da mesma maneira às atividades e planejamento de ensino.

Ocorre que essa crença no homogêneo é um "sonho", pois sabemos que o que caracteriza os grupos é a heterogeneidade. O problema é que, mesmo tendo clara a heterogeneidade dos grupos que habitam a escola, as relações, interações e ações de seus componentes continuam pautadas pela crença no homogêneo, ainda que não se deem conta desse fato.

Trabalhar com grupos, estar em grupo, traz como condição lidar com a diversidade, com a heterogeneidade.

Macedo (2001), falando sobre educação inclusiva, propõe que se pense as relações na escola buscando identificar a lógica que as embasa. Embora o faça com o objetivo de refletir sobre os fundamentos da educação inclusiva, sua abordagem tem lastro para pensarmos sobre as bases em que se assentam as relações, segundo o proposto nesse texto.

Tomando por base Piaget, Macedo (2001) identifica dois modos distintos de se organizar o trabalho na escola — a lógica de classes e de relação, que não se excluem, mas coordenam-se como meio ou como fim. Classificar é uma forma de conhecer em que se agrupam os iguais e se excluem os diferentes. Como tal, a classificação constitui-se como elemento fundamental para o processo de conhecimento.

Entretanto, quando se trata de agrupar pessoas, a depender do critério que se utiliza, a classificação pode ser perversa, à medida que exclui os que não estão de acordo com esse critério, como bem aponta o autor, no caso dos alunos excepcionais, por exemplo.

É o conceito da lógica de relação que acreditamos ser fértil para pensar o trabalho em grupo ou com grupos, à medida que ele nos ajuda a compreender como deve se dar o trabalho com a diversidade. Segundo Macedo (2001, p. 35):

> Relacionar é reunir coisas que façam parte uma da outra e que, nesse sentido, não valham em si mesmas, pois é a relação com o outro, e vice-versa, que as define... Portanto, na relação, quem nos define são também os outros com quem nos relacionamos, pois somos definidos por esse jogo de posições que nos situa uns e em relação aos outros, de diversos modos.

Dessa perspectiva, não é possível, *a priori*, prever o resultado de um trabalho em grupo. Isso não quer dizer que não devemos planejar, o que fazemos a partir de hipóteses desenvolvidas com base em nossa experiência e em observações do grupo. Entretanto, o resultado da discussão de um texto ou de uma prática, por exemplo, vai depender das interações dos professores e do coordenador no grupo, pois todos são partes de um mesmo todo e, ao considerar esse fato, o coordenador poderá lidar com sua frustração em relação a suas expectativas com o trabalho do grupo. Entretanto, terá de aprender a lidar com a incerteza, a compreender que o controle da situação não está em suas mãos, mas nas mãos de todos os participantes do processo interativo.

Segundo Macedo (2001, p. 36), "... uma relação estrutura-se pela propriedade da interdependência, cujas características são: ser indissociável, complementar e irredutível". Assim, dentro de um grupo de professores, por exemplo, não é possível dissociar um do outro, culpabilizando um elemento do grupo por um fato ou resultado. Esse professor pertence ao grupo de professores e suas ações serão sempre complementares ao grupo, não sendo possível reduzi-las ao professor somente. O coordenador, como mais um componente do grupo, também não pode dissociar-se dos conteúdos produzidos por ele, sejam eles bons ou ruins, de sucessos ou fracassos. Se o trabalho do grupo tem sucesso, o sucesso é de todos; se fracassa, o fracasso também é de todos. Entretanto, é comum observarmos o coordenador pedagógico não se colocar no grupo de professores. Embora ele se veja como líder do grupo, o faz como se fosse uma entidade à parte, e o insucesso das reuniões de HTPC, ou de reuniões pedagógicas, é atribuído aos professores ou a alguns deles. Como fazer para mobilizar os professores a discutirem determinado texto, a refletirem sobre suas práticas em sala de aula? Essa é uma pergunta recorrente de coordenadores pedagógicos. Contudo, não deveriam eles perguntar: Como *me mobilizar* para discutir *com os professores* determinado texto, para refletir sobre *nossas práticas* na sala de aula *e na escola*?

Do mesmo modo, as questões dos professores em relação aos alunos também parecem semelhantes: *Não sei mais o que fazer com o "fulano". Ele não presta atenção em nada, ele não quer aprender!* Essa lógica que poderíamos chamar de classe, pois coloca o aluno como entidade separada, fora do grupo que aprende, também coloca o professor em posição de quem não tem problema; o problema está no aluno e, portanto, o professor está fora da relação. Na verdade, o fato de o aluno não prestar atenção deveria ser entendido como um problema da relação: entre o professor e ele, entre os colegas e ele, entre a escola e os grupos que a habitam.

Entendemos que pensar com a lógica da relação é que levará o professor, o coordenador a não desistir do aluno/do professor, uma vez que os problemas resultantes do processo de ensino–aprendizagem serão enfrentados da perspectiva do todo que se constitui de várias partes. O desafio do educador aqui é enfrentar o espelho: quando o aluno não aprende ou o professor não se envolve na discussão, essa relação "malsucedida" revela ao professor e/ou coordenador seu não saber, sua impotência diante da situação, provocando confrontos e conflitos nada agradáveis. Entretanto, se o professor e/ou coordenador aprender a viver esse fato como *relação*, ele compreenderá que as interações envolvem sempre singularidades partilhadas e que os problemas delas decorrentes são específicos da interação, do todo que se forma a partir das partes em relação, e não assume para si as faltas que se desvelam, mas as atribui aos resultados dos encontros de singularidades. Pensar com essa lógica também permite ao coordenador/professor compreender que a mudança do outro demanda, necessariamente, sua própria mudança — na forma de agir, de pensar e de sentir em relação ao grupo, de alunos ou professores. Ou seja, se me modifico como parte, o todo também se transforma. E, finalmente, também permite compreender que todas as partes formam o todo, não é possível constituí-lo deixando de lado um ou mais elementos do grupo. Logo, se no grupo de professores, por exemplo, há um que não comparece às reuniões, que não se envolve nas atividades propostas, não é possível excluí-lo ou deixá-lo de lado, pois ele continua a fazer parte do grupo e como tal constitui o todo.

Considerações finais

Antes de mais nada, é importante esclarecer que não temos respostas para os problemas aqui apontados, tanto que optamos por fazer considerações e não conclusões. Isso porque entendemos a tarefa de coordenar como altamente complexa e, como tal, repleta de permanentes contradições, as quais não permitem dizer: *coordenar é... o bom coordenador é aquele que... ou, para trabalhar com um grupo de professores e obter sucesso é necessário... ou, ainda, a solução para o trabalho do coordenador é...* Todavia, não queremos, de maneira alguma, dar a entender que a tarefa de coordenar seja impossível. Daí termos atrelado, em vários momentos do texto, a tarefa de coordenar à tarefa de ensinar, a figura do coordenador à figura do professor, pois entendemos que se é possível, ao professor, ensinar na diversidade, se é possível ao aluno aprender em grupos heterogêneos, também é possível, ao coordenador, coordenar na complexidade.

Mas como tornar viável a função de coordenar? Como coordenar na complexidade? O coordenador pedagógico deve buscar compreender a realidade tal como ela se apresenta, reconhecendo seu caráter complexo. Ocorre que não basta constatar, é preciso mudar a maneira de enxergar, para abrir mão do sonho de ver claramente e de fazer com que todos os grupos com os quais se relaciona na escola cheguem a um acordo permanente. Ele terá de aprender a viver com um eterno questionar-se: sobre os problemas e suas soluções, sobre a própria maneira de pensar e a do outro, para poder integrar novos pressupostos e concepções. E deverá fazer isso em conjunto com o grupo, sem abrir mão do diálogo, pois o grupo todo deverá aceitar a complexidade para que se mude a maneira de agir e pensar na educação.

Nesse sentido, reconhecer a complexidade não significa somente um ato intelectual, mas também, e sobretudo, atos expressivos em que se diz o que se sente, o que a complexidade provoca em cada um do grupo: preconceitos, medos, desesperança e pânico, ou seja, implica reconhecer o professor e o coordenador como seres complexos, feitos de ambivalências, de emoções, de experiências diversas, vividas em uma rede de relações.

Uma vez compreendida a complexidade, é preciso que o coordenador a conheça a fundo, de maneira que possa analisá-la e administrá-la no interior de seus grupos. Nesse rumo, o coordenador poderá verificar o que aumenta os conflitos e o que os minimiza, para poder trabalhar dentro de uma margem de liberdade que sempre está presente nas contradições. Entretanto, ele deve evitar assumir toda a responsabilidade sozinho, pois será o trabalho conjunto que possibilitará administrar os conflitos e chegar a soluções temporárias que permitirão o crescimento do grupo e do processo educacional da escola. Assim, a análise de todas as situações que ocorrem na escola deve ser partilhada com o grupo de professores, que deverá encontrar formas de melhor conduzi-las e propor ações conjuntas. Logo, cada problema, cada conflito e cada crise vividos na escola constituiriam oportunidade de aprendizado para todos os envolvidos no processo educativo.

Outro caminho para enfrentar a complexidade é pensar a instituição de forma sistêmica, o que significa compreender o seu todo — interno e externo — com suas contradições e implicações. Assim, não é mais possível separar o grupo de professores do de alunos, o grupo de pais dos de professores e alunos, o grupo de professores da coordenação pedagógica, a escola do sistema de ensino, o sistema de ensino do país e a educação no país do mundo. A compreensão de que estamos enredados por uma grande teia que permeia nossas ações, influencia nossas crenças e direciona nosso pensar faz parte do reconhecimento de que estamos, como trabalhadores na área das ciências humanas, fadados a lidar com a complexidade. Aprender a pensar de maneira sistêmica é um desafio que teremos de enfrentar antes mesmo dos demais profissionais, e assumir esse pressuposto o quanto antes nos ajuda a passar para outras etapas, como a compreensão do que ele significa, a análise da realidade da escola e a descoberta das margens de liberdade para nossa ação.

O maior desafio, no entanto, é superar a maneira de pensar por classe — que faz o coordenador se colocar de fora do grupo de professores e da própria escola ou sistema educativo — e passar a pensar segundo a lógica da relação, que propicia exercitar a intersubjetividade, ou seja, o compartilhamento de pontos de vista, de sentimentos, de emoções decorrentes da interação e somente da interação.

Se há algo de concreto que se possa "indicar" como ação nessa empreitada de coordenar uma escola, essa ação é o diálogo, constante, permanente, franco e explicitado. Um diálogo que exercita a escuta com tolerância, por entender que o que o outro diz, independentemente do que seja, expressa singularidades que compõem o todo do grupo, o todo da escola. Um diálogo em que os participantes se empenhem na busca da compreensão do outro, de maneira compromissada, séria e que não perca de vista os motivos que os leva a dialogar — o desejo de melhorar suas ações pedagógicas. E, por fim, um diálogo que enfrenta os conflitos, que os coloca para fora de seus participantes, que devem colaborar para superá-los, colaboração não entendida como estar de acordo com tudo, mas como exercício de gerenciamento de desacordos.

E o coordenador pedagógico — integrante desse grupo — tem como condição a liderança desse processo e também, por intermédio do diálogo, poderá explicitar suas angústias, seus fantasmas e livrar-se, sempre temporariamente, do espelho que reflete uma diversidade enorme de imagens que, se em alguns momentos o desespera, em outros o edifica — a questão é suportar viver na incerteza. Mas, afinal, não é assim a vida?

Referências bibliográficas

ALMEIDA, L. A., PLACCO, V. M. S.(orgs.). *O coordenador pedagógico e o espaço da mudança.* São Paulo: Loyola, 2001.
MACEDO, L. Fundamentos para uma educação inclusiva, *Psicologia da Educação*, revista do Programa de Estudos Pós-graduados. PUC-SP, n. 13 (2º semestre 2001).
MORIN, E. Epistemologia da complexidade. In: SCHINITMAN, Dora F. (org.) *Novos paradigmas, cultura e subjetividade.* Porto Alegre: Artmed, 1996.
PERRENOUD, P. *Ensinar: agir na urgência, decidir na incerteza.* Porto Alegre: Artmed, 2001.

O papel do coordenador pedagógico na formação do professor em serviço

Paulo César Geglio*
pcgiglio@hotmail.com

Pretendo neste texto abordar a contribuição do coordenador pedagógico para a formação continuada do professor em serviço. Antes, porém, creio ser importante registrar o meu entendimento sobre formação de professores em serviço. Considero essa modalidade de formação como sendo aquela que ocorre no próprio local de trabalho desse profissional, ou seja, na escola. Não estou fazendo referência à escola como um espaço que eventualmente possa abrigar um encontro ou evento com esse caráter. Refiro-me a ela como um meio contínuo e consequente para a formação continuada de professores. Um contexto natural e legítimo para o desenvolvimento dessa prática. Uma ação que acontece com o coletivo, e no coletivo dos pares, juntamente com a figura do coordenador pedagógico.

A expressão "formação em serviço" pode apresentar variações de significado de um autor para outro. Alguns a consideram

---

* Doutor pelo Programa de Estudos Pós-graduados em Educação: Psicologia da Educação da PUC-SP.

sinônimo de "formação continuada" (cf. Silva e Fraude, 1997). Isto é, aquela que se estende ao longo da vida profissional do professor, após sua certificação inicial, depois de sua passagem pelo curso que lhe confere o grau de professor, e que diz respeito ao exercício de seu trabalho. Há aqueles, ainda, que entendem como formação em serviço um tipo de atividade esporadicamente realizada no próprio ambiente de trabalho, ou seja, um curso, uma palestra, um estudo, um seminário efetivados na escola. Entendo que formação em serviço é formação continuada, e que ocorre no ambiente de trabalho do professor. Porém, trata-se de um tipo de formação que tem a singularidade de ser efetivamente contínua e contextual, além de ser conduzida pelos próprios professores.

Não pretendo discutir o conceito de formação continuada, muito menos o espaço em que ela deve acontecer, por dois motivos. Primeiramente porque estas questões já foram tratadas por outros autores, como, por exemplo, Fusari (2000), que, numa publicação desta mesma série*, mostra que, além da escola, existem outras situações propícias à formação continuada do professor. Em segundo lugar, porque a concepção que possuo sobre estas questões não diverge em muito dos demais autores. Ou seja, compreendo que a formação continuada é uma das etapas de preparação do profissional da educação e, de acordo com a própria nomenclatura, ela é contínua. Quer dizer, não tem fim, é uma constante. Ela pode acontecer sob diferentes formas e em diversos espaços. Pode ocorrer espontaneamente, quando o professor, por vontade própria, se dispõe a frequentar um curso, um congresso, um seminário, ou mesmo quando se dedica a estudos individuais em livros, ou pesquisas particulares. Pode efetivar-se também por meio de cursos promovidos pelos órgãos de governos, por empresas, pela escola, pelo conjunto dos pares quando se dispõem a realizar um projeto ou trabalho em grupo. O que tenho a acrescentar é que a formação continuada do professor, além de todas as opções citadas

---

* Nesta mesma série de publicações, Fusari apresenta um texto no qual discute os espaços e situações em que a formação continuada do professor pode acontecer.

acima, pode e deve ocorrer no seu próprio espaço de trabalho, isto é, na escola, com o acompanhamento e a mobilização do coordenador pedagógico.

Parto da compreensão de que o coordenador pedagógico exerce um relevante papel na formação continuada do professor em serviço, e esta importância se deve à própria especificidade de sua função, que é planejar e acompanhar a execução de todo o processo didático-pedagógico da instituição. Num ambiente escolar, não é raro o coordenador pedagógico realizar atividades que não são da sua competência. Enquanto o professor, o diretor, o secretário e os demais funcionários da escola possuem atividades específicas, o coordenador pedagógico se vê efetuando múltiplas tarefas que, objetivamente, não lhe dizem respeito. São ações, que, do ponto de vista das atribuições do cargo que ocupa, podem ser caracterizadas como "desvio de função". Como exemplo, podemos citar algumas das atribuições que são pertinentes ao coordenador pedagógico: o acompanhamento pedagógico dos alunos, o atendimento aos professores, aos pais, a preparação das reuniões pedagógicas, os relatórios de atividades curriculares, a análise de materiais e livros didáticos. Mas também é possível apontar atividades que não são de sua competência, como: preencher diários e tarjetas de notas e faltas, servir merenda aos alunos, responsabilizar-se pela entrada e saída de alunos. Outras funções, tais como: organização de eventos extracurriculares e substituição ou representação da direção da escola, com frequência ocorrem, mas não caracterizam, a nosso ver, nem sua função, nem desvio dela.

O coordenador pedagógico, em determinados momentos, é compelido a responder por necessidades do contexto escolar que não são de sua responsabilidade. São questões que, embora façam parte da dinâmica da escola, não podem ser consideradas inerentes à sua função. Estas atividades são aquelas de caráter técnico-burocrático, que dizem respeito à atuação do professor em sala de aula e ao funcionamento da instituição escolar, e em relação às quais o coordenador pedagógico se vê na contingência de auxiliar o professor, ou, até, de realizá-las por ele, como: correção de diários de classe, relatórios de acompanhamento da

115

evolução dos alunos, registro de ocorrências imprevistas em sala de aula, documentos de avaliação e de notas de rendimento, aulas complementares de reforço e recuperação, reposição de aulas.

Não se trata de negar a possibilidade de o coordenador pedagógico, assim como os demais integrantes da escola, participar de um mutirão para realizar um evento, uma festa, uma atividade social, bem como, num momento de necessidade, de urgência, compor uma sinergia para solucionar determinado problema que se apresenta na instituição. A burocracia é algo intrínseco também ao meio escolar, e o estabelecimento e o cumprimento de prazos, principalmente no serviço público, muitas vezes são inflexíveis. Portanto, não podemos descartar a hipótese de que existam situações para as quais é preciso mobilizar o conjunto dos profissionais da escola para executar tarefas que não lhes são específicas. Porém, não podemos concordar com que essas ações, alheias à função do coordenador pedagógico, sejam uma constante em sua rotina, de modo a se constituir em parte do seu trabalho, o que, consequentemente, resultará na redução do seu tempo destinado às atividades diretamente ligadas à sua função. Função essa que tem como uma das principais características a contribuição para a formação continuada do professor em serviço.

A condição do coordenador pedagógico de um agente da formação continuada do professor em serviço lhe é conferida pelo cargo que ocupa. Por outro lado, colocá-lo nessa condição de formador é decorrência de sua posição de elemento articulador do processo ensino–aprendizagem na escola. Uma pessoa que está, ao mesmo tempo, dentro e fora do contexto imediato do ensino, que possui uma visão ampla do processo pedagógico da escola, do conjunto do trabalho realizado pelos professores. Sua ação que se efetiva na cumplicidade com os professores é uma relação entre pares, de troca de informações e conhecimentos, da elaboração e acompanhamento conjunto de planejamentos, projetos e propostas de trabalho. Uma prática que se efetiva no próprio ambiente de atuação, em diferentes momentos e situações do exercício profissional dos educadores.

A presença do coordenador pedagógico no contexto educacional e, consequentemente, junto aos docentes, se efetiva sob várias formas, situações e momentos. Porém, aquelas que o caracterizam como agente da formação continuada de professores em serviço são específicas e dizem respeito ao trabalho que se desenvolve com o conjunto dos docentes. Tentarei citar alguns desses momentos e algumas das atividades que considero representativos dessa atuação. Antes, porém, registro meu entendimento de que, embora essa prática se efetive maciçamente no coletivo, ela também pode ocorrer sob a forma individualizada*. Tanto na forma individual como na coletiva, a sua contribuição tem como perspectiva de ação o âmbito didático-pedagógico, ou seja, está circunscrita ao processo de ensino e aprendizagem de alunos e professores.

Os momentos de atuação do coordenador pedagógico como agente da formação continuada do professor em serviço são aqueles em que ele se reúne com o conjunto dos docentes da instituição escolar para discutir questões e problemas pedagógicos, isto é, pertinentes à sala de aula, ao conteúdo de ensino, ao desempenho dos educandos e ao relacionamento com os alunos. Nessa condição, ele assume o papel de mediador, de interlocutor, de orientador, de propositor, de investigador do grupo e com o grupo. Essa dinâmica se efetiva nos momentos destinados aos encontros coletivos com os professores**. Em reuniões, que podem ocorrer a cada dia, semanalmente, quinzenalmente, ou

---

* Mesmo entendendo que a atuação do coordenador pedagógico como agente da formação continuada de professores em serviço se efetive de maneira profícua no contexto da coletividade, isto é, com o conjunto dos professores, muitas vezes, este profissional percebe a necessidade, ou é solicitado, a atuar individualmente, particularmente com um professor. Isso pode ocorrer por diversos motivos, entre os quais o professor não querer expor a si, ou o seu problema, no coletivo. Ou quando há problemas pessoais relacionados diretamente ao contexto da ação pedagógica, que, por concepção ética, o coordenador pedagógico encaminha de forma particularizada.

** Existem nomenclaturas e siglas diferentes para designar esses encontros coletivos, como, por exemplo: a Hora de Trabalho Pedagógico Coletivo (HTPC), da rede estadual de São Paulo, a Jornada Especial Ampliada (JEA) e a Jornada Especial Integral Ampliada (JEIA), da rede municipal de São Paulo.

até mesmo mensalmente. Mas que são essencialmente momentos privilegiados, nos quais são discutidas questões pertinentes à educação, ao contexto escolar, à especificidade de cada sala de aula, de cada problema, nos quais a presença do coordenador pedagógico é fundamental, pois, como já afirmei, ele possui uma visão de todo o processo.

É importante que o coordenador pedagógico concretize sua ação no acompanhamento das atividades dos professores em sala de aula, pois isto lhe dá oportunidade de discutir e analisar os problemas decorrentes desse contexto, com uma perspectiva diferenciada e abrangente. É ele quem, num espírito de parceria e coletividade, conduz o processo, participa, discute, ouve, orienta, propõe, informa, assume e partilha responsabilidades com os professores, indica ações, enfim, exerce uma posição natural de liderança, de autoridade. Um papel de formador em serviço, num contexto no qual deve articular a imediaticidade dos problemas emergentes da sala de aula com as informações adquiridas em encontros, congressos, seminários e cursos, com as trocas de experiências e com outros assuntos de interesse geral. Indicação de leituras, apontamentos de um curso, desenvolvimento de um trabalho, sistematização de um estudo, propositura de uma discussão e organização de um debate são procedimentos relevantes para esses momentos de formação.

Assim entendo a função do coordenador pedagógico na escola, e o seu papel na formação continuada do professor em serviço. Por conclusão, um último questionamento, que talvez possa surgir dessa discussão, e que também já mereceu atenção de outros autores, diz respeito ao processo de formação continuada do próprio coordenador pedagógico. Como se dá? Como e onde ocorre? Quem contribui em seu desenvolvimento? Essa formação continuada acontece de forma marcante no próprio movimento de constituição de seu papel na formação continuada do professor. Ou seja, à medida que ele contribui para a formação do professor em serviço, ele também reflete sobre sua atuação e, consequentemente, está realizando a sua autoformação continuada.

Referências bibliográficas

BRUNO, E. B. G., ALMEIDA, L. R., CHRISTOV, L. H. S. (org.). *O coordenador pedagógico e a formação docente*. São Paulo: Loyola, 2000.
GUIMARÃES, A. A. et al. *O coordenador pedagógico e a educação continuada*. 3ª ed. São Paulo: Loyola, 2000.
MARIN, A. J. Educação continuada: introdução a uma análise de termos e concepções. Cadernos *CEDES*, Araraquara, n. 36 (1999), 13-19.
NASCIMENTO, M. G. A formação continuada dos professores: modelos, dimensões e problemática. In: CANDAU, V. M. (org.). *Magistério: construção cotidiana*. Petrópolis: Vozes, 1997.
SILVA, C. S. R., FRADE, I. C. A. S. Formação de professores em serviço, *Presença Pedagógica*, Belo Horizonte, v. 3, n. 13 (jan./fev. 1997), 31-37.

O coordenador pedagógico e o cotidiano do Ginásio Vocacional

Moacyr da Silva*
pos@oswaldocruz.br

> "*Eu queria uma escola que lhes ensinasse a pensar, a raciocinar, a procurar soluções.*
> (...)
> *Eu também queria uma escola que ensinasse a conviver, cooperar, a respeitar, a esperar, saber viver em comunidade, em união. Que lhes dessem múltiplos meios de vocês expressarem cada sentimento, cada drama, cada emoção.*"
> (Carlos Drummond de Andrade)

A epígrafe de Drummond nos inspira a resgatar neste texto a experiência de orientador pedagógico dos ginásios vocacionais,

---

* Diretor do Instituto Superior de Educação das Faculdades Oswaldo Cruz. Doutor pelo Programa de Estudos Pós-graduados em Educação: Psicologia da Educação, PUC-SP.

que vivenciamos na década de 1960*, mais especificamente no Ginásio Estadual Vocacional João XXIII, de Americana.

Com o objetivo de contribuir com todos aqueles que exercem as funções de orientação ou coordenação pedagógica e buscam alternativas para a melhoria da qualidade de ensino nas instituições onde atuam, procuraremos apresentar as várias funções que desempenhávamos no Vocacional, individual ou coletivamente, com os professores, alunos e pais, enfatizando a nossa atuação em três momentos: no processo de planejamento, nos conselhos pedagógicos e em alguns aspectos da formação continuada dos professores centrada no cotidiano da própria escola.

Recuperar as experiências cotidianas de orientador pedagógico dos Ginásios Vocacionais não se configura como um meio para a formulação de um paradigma na construção de uma nova escola. Trata-se de verificar de que modo é possível o desenvolvimento de uma escola democrática com qualidade que se caracterizava, principalmente, no trabalho coletivo, no processo de ensino–aprendizagem como eixo norteador na formação de professores e na reflexão–ação–reflexão como atitude permanente dos que atuavam na instituição. Hoje temos clareza de que estas características se relacionam e se fundamentam nas dimensões crítico-social dos conteúdos, na interdisciplinaridade, na formação do aluno-cidadão, no compromisso político-social dos educadores que assumiram a experiência.

Embora distantes no tempo, as ações e atividades da orientação pedagógica foram pioneiras e seus reflexos permanecem até hoje.

---

* Trata-se de uma experiência de renovação do ensino proposta pela Secretaria de Educação do Estado de São Paulo. Os ginásios vocacionais iniciaram-se em comunidades com características muito diferentes: o Ginásio Vocacional Oswaldo Aranha estava localizado numa área metropolitana altamente industrializada, no Brooklin, em São Paulo; o Ginásio Vocacional de Americana, em um parque industrial, no setor têxtil, em crescimento; o de Barretos, em uma área com predomínio da economia agropecuária; o de Batatais, em um município caracterizado como agrícola; e o de Rio Claro, claramente marcado pela importância do entroncamento ferroviário.

O processo de planejamento

O nosso trabalho iniciava-se com os encontros de todos os orientadores (orientadores pedagógicos — OPs — e orientadores educacionais — OEs) das unidades de ensino com a equipe que coordenava as ações do Vocacional na Secretaria de Estado da Educação, principalmente as professoras Maria Nilde Mascelani, Maria da Glória Pimentel, Maria Cândida Sandoval, para estudos dos aspectos sociais, econômicos e políticos da realidade brasileira e elaboração das diretrizes que deveriam nortear o projeto pedagógico de cada ginásio vocacional. No transcorrer do ano, essas reuniões se repetiam.

Questões como a Integração da Escola com a Comunidade, o Ensino e o Desenvolvimento de Valores, Ética e Cidadania, Cultura e Trabalho, Educação Sexual, respeito às diferenças de gênero, Educação e Saúde, Direitos e Deveres do Cidadão, Desenvolvimento da Autonomia do aluno como agente de mudança e sua participação na sociedade, entre outros, eram efetivamente trabalhadas em todos os momentos da vida escolar. Estes e outros temas eram traduzidos em objetivos, conceitos, conteúdos e valores que permeavam todas as atividades curriculares nos ginásios vocacionais. Muitos desses temas estão postos hoje nos Parâmetros Curriculares Nacionais. Esses estudos eram retomados com os professores e passavam a nortear os trabalhos de todas as unidades pedagógicas, tendo Estudos Sociais como eixo. Nossa atuação como orientador pedagógico na escola iniciava-se com a Semana de Planejamento, quando as equipes de orientação assumiam os estudos e reflexões com os professores, uma vez que o trabalho coletivo e interdisciplinar era fundamental para a elaboração do projeto pedagógico de cada unidade.

Uma das diferenças significativas da coordenação pedagógica atual com nossa experiência no Vocacional reside no fato de que a equipe de coordenação, intitulada Equipe de Direção, era constituída pelos orientadores pedagógicos e educacionais (OP–OE) que atuavam em duplas, assumindo, respectivamente, as 5as e 6as séries e as 7as e 8as, acompanhando, pois, os alunos desde seu ingresso até o término do curso ginasial. Um dos componentes da equipe de coordenação respondia oficialmente pela Direção Administrativa, que não se desvinculava das funções pedagógicas. Já naquela época, defendíamos o princípio de que as funções administrativas deveriam estar a serviço das ações pedagógicas. O planejamento curricular inicial era, na verdade, o projeto inicial, se entendermos *projeto* de acordo com a sua etimologia, do latim *projectu*, "lançar para adiante"; era o passo inicial que envolvia esperança, ousadia, criatividade e muito do sonho daqueles educadores que se propuseram a construir uma nova escola.

Finda a semana de planejamento, o orientador pedagógico atendia individualmente cada professor na análise do seu plano. Além do atendimento individual, o acompanhamento coletivo periódico se fazia a cada bimestre. Nesses encontros refletíamos em conjunto quais os objetivos estavam em consonância com os da proposta pedagógica, quais os conteúdos que melhor respondiam às questões apresentadas pelos alunos nas unidades pedagógicas, bem como a bibliografia mais adequada para os conteúdos propostos e as estratégias que melhor atenderiam ao trabalho com os conteúdos. Os objetivos correspondiam ao desenvolvimento dos aspectos físico-motor, emocional-afetivo, social e cognitivo dos alunos. As atividades sistemáticas de análise dos planos de ensino com os professores traduziam-se na melhor forma de diálogo e de integração dos conteúdos, no trabalho interdisciplinar. Havia um clima democrático na relação da orientação com os professores, não apenas na análise dos planos, mas também na participação das atividades em sala de aula.

A mesma ênfase era dada ao processo de avaliação, que era qualitativo, e que era trabalhado tanto no planejamento como nos Conselhos Pedagógicos, uma vez que já se exigia dos professores uma nova postura, diferente daquela norteada pela atribuição de notas ou como forma de obter a disciplina na sala de aula.

Acompanhávamos as atividades em sala de aula não como observadores, mas como participantes, sem causar constrangimentos aos professores ou interferência na dinâmica da classe. Muitas vezes éramos convidados a assumir essas atividades, num clima de respeito e de vivência democrática.

Ao término das atividades, avaliávamos com a classe e posteriormente retomávamos a avaliação em entrevistas com os professores. Estes apresentavam sua percepção crítica dos aspectos positivos e negativos, e desse diagnóstico da situação se decidiam as novas formas de encaminhamento, conforme o caso. Era comum, por parte dos professores, a solicitação de textos sobre fundamentos pedagógicos — Psicologia do Desenvolvimento, História da Educação, Sociologia etc. —, o que caracterizava a formação continuada centrada na escola.

Os Conselhos Pedagógicos como espaço de gestão e desenvolvimento do processo pedagógico

A equipe de OE e OP planejava e coordenava semanalmente os Conselhos Pedagógicos, dos quais todos os professores participavam. Com a coordenação da chamada Equipe de Direção, várias atividades eram realizadas. Ao término de cada ano, era realizada uma síntese das avaliações do período em curso. A retomada da avaliação do ano anterior era apresentada com uma série de recursos estatísticos (tabelas, gráficos etc.) que desencadeavam troca de experiências, estudos de textos e palestras de especialistas convidados, que discorriam sobre temas de interesse dos professores. A partir de toda essa análise, era elaborada a proposta pedagógica para o novo ano.

Convém salientar que sistematicamente nossas ações estavam voltadas para a realização do projeto pedagógico, que tinha como eixo o trabalho interdisciplinar com o desenvolvimento das Unidades Pedagógicas. Da área de Estudos Sociais, emergiam os conteúdos das diferentes disciplinas que eram trabalhados integradamente em torno dos temas das unidades pedagógicas. O eixo das unidades era constituído pelos problemas da comunidade na 5ª série, do Estado, na 6ª série, e do Brasil e do mundo, nas 7as e 8as séries respectivamente. Os problemas da realidade eram dialeticamente trabalhados em sala de aula.

Procurávamos assegurar que o Conselho Pedagógico fosse um importante espaço de reflexão sobre os objetivos gerais propostos e de decisão sobre seu encaminhamento prático, pois o coletivo de professores e orientadores vislumbrava a formação cultural, ética, estética, social dos seus alunos, não apenas no plano teórico. Convém ressaltar que todos os objetivos traçados para os educandos eram também assumidos pelos educadores, como, por exemplo: desenvolver atitudes de transparência, de autenticidade, de autoconfiança e confiança no outro, de segurança, de equilíbrio, de abertura, de disponibilidade, de participação, de compromisso, de reflexão, de diálogo, de compreensão e vivência dos direitos e deveres de um cidadão democrata. Observava-se que os alunos alcançavam esses objetivos por meio, principalmente, da postura de seus formadores, numa dimensão pessoal que os levava a experimentar entre si determinados princípios, na vivência interpessoal com os colegas da equipe, da classe e da escola.

Estávamos sempre atentos para que todas as atividades propostas, bem como nossa atuação, estivessem coerentes com esses princípios. Assim, nos Conselhos Pedagógicos, o coletivo de professores e orientadores passou a entender e a defender a ideia de que a educação dos valores e do desenvolvimento das atitudes se dava principalmente pelo exemplo e pela vivência. Por isso, a dinâmica desses encontros coletivos era marcada pela discussão de casos concretos do dia a dia da sala de aula, com todas as suas contradições e todos os seus desafios. Em todas as discussões propostas, ficava claro o trabalho de desenvolvimento dos professores e alunos, em seu caráter dialético e assimétrico, permeado de conflitos, principalmente quando a própria realidade externa à escola afirmava valores e princípios contrários aos defendidos pelo coletivo de educadores. Como tratar, por exemplo, de valores como cooperação e solidariedade, quando os alunos percebiam, nos estudos sobre as instituições da comunidade, que havia um predomínio de contravalores como a competição, o individualismo e o egoísmo? E muitos desses contravalores eram vivenciados na forma de relações, de sentimentos, de percepções e observações nos próprios lares dos alunos. Essas atitudes se contrapunham à prática do Vocacional, no seu cotidiano, e exigiam de todos os educadores uma permanente vigilância em relação aos objetivos e princípios propostos.

Fazíamos do Conselho Pedagógico um importante espaço de trabalho coletivo na escola, hoje também garantido em muitos sistemas de ensino com as horas-atividades. Acreditávamos que esse espaço constituía um dos principais recursos de formação continuada em serviço. De fato, o Conselho Pedagógico dos vocacionais é considerado uma experiência de vanguarda, à medida que sedimentou uma práxis de comunicação, de troca, de relação dinâmica e igualitária entre os professores e seus pares e entre eles e a equipe técnica — orientadores pedagógicos e educacionais —, e, ao mesmo tempo, possibilitou a aprendizagem do exercício da fala, da comunicação, do respeito à opinião de cada um, do incentivo à conquista de espaços na discussão. Desse exercício do diálogo nos Conselhos Pedagógicos resultava o desabrochar do potencial de cada professor, pois favorecia a reflexão contínua sobre suas concepções e práticas.

Como bem enfatiza o professor Clézio Chiozin, de Educação Física:

(...) nos Conselhos Pedagógicos, refletíamos quais as relações, como eu vou integrar a minha matéria (...). Era todo um estudo nosso. Não aprendi isso na Faculdade, como vou trabalhar essa integração (...). Realmente a gente inovava (...) o conhecimento não pode ser facetado e nós fazíamos essas relações. (Silva, 1999, p. 268)

Convém ressaltar ainda que, em alguns momentos, os professores solicitavam dialogar sobre as questões da disciplina na sala de aula e alguns casos de indisciplina eram apresentados aos Conselhos Pedagógicos.

Note-se que, além da atuação com o coletivo, a coordenação tinha os seus momentos de trabalho individual com os professores e muitas vezes com alunos e com os pais. Com estes, muitas vezes os orientadores pedagógicos e educacionais dialogavam conjuntamente, pois era comum observar que as questões de indisciplina ou do fracasso escolar estavam vinculadas às questões pedagógicas.

Nos Conselhos Pedagógicos e nos sábados de estudos, vários teóricos da educação eram apresentados e debatidos, muitas vezes por meio de palestras com especialistas convidados. Os professores fundamentavam assim suas ações nos principais teóricos, conforme as necessidades e solicitações. A coordenação também selecionava textos para a melhor compreensão da prática pedagógica e das técnicas que eram utilizadas na sala de aula. O trabalho de atuação individual da coordenação com o professor ou dupla de professores da mesma área era também um momento importante da orientação na formação e no acompanhamento do desenvolvimento curricular e da proposta pedagógica. Outro aspecto ao qual a coordenação estava sempre atenta era o da implementação de um novo processo de avaliação como forma de acompanhamento do aprendizado e do desenvolvimento das aptidões dos alunos.

A coordenação e a formação continuada no cotidiano da escola

A coordenação vislumbrava o Conselho Pedagógico como importante espaço de formação continuada, como já dissemos. Em relação aos professores do Vocacional, uma de nossas observações era a de que eles, embora demonstrassem bom domínio dos conteúdos específicos, não deixavam de apresentar dificuldades com relação à formação ou à prática pedagógica. Aqui ressaltamos algumas indagações: a necessidade de articulação dos conteúdos, dos conhecimentos construídos na formação inicial com a realidade escolar do docente. Havia uma reclamação geral, por parte dos professores, relativa ao fosso existente entre a formação que haviam recebido no curso superior e a realidade que enfrentavam, ou ainda uma cisão muito nítida entre a teoria e a prática.

Todas essas questões eram trabalhadas cotidianamente pela equipe de orientação. Assim, um dos aspectos evidenciados por nós diz respeito à formação continuada centrada na escola em que o professor atua, espaço privilegiado para a ação e a reflexão pedagógicas. Em função dos longos anos de experiência, partimos da crença de que a formação do professor se dá muito mais num processo contínuo e não se esgota num curso, num conjunto de palestras ou seminários. Esses recursos apresentam-se, geralmente, como situações artificiais, em que os professores encontram dificuldades para se expor e contribuir com suas experiências, não chegando a envolver-se em uma situação de troca.

São observações que vão encontrar analogia com as de Nóvoa:

A formação não se constrói por acumulação (de cursos, de conhecimentos ou de técnicas), mas sim através de um trabalho de reflexividade crítica sobre as práticas e de (re)construção permanente de uma identidade pessoal. Por isso é tão importante investir na pessoa e dar um estatuto ao saber da experiência. (Nóvoa, 1995: 25)

Nota-se, no depoimento da professora Louvercy Lima Olival, que também foi orientadora pedagógica do Vocacional de Americana, o quanto o trabalho pedagógico coletivo contribuía para a emancipação dos professores:

(...) a formação de educador, do professor como educador, comprometido, se fazia dentro da escola (...) a partir da reflexão sobre a sua prática. Então, ele refletia sobre seu trabalho, com os orientadores, e depois trabalhávamos a fundamentação teórica. Então sempre havia uma relação dialética entre a prática e a teoria. Nós dávamos os elementos teóricos, mas em função das necessidades práticas do professor, do seu trabalho. E as teorias também eram questionadas, analisadas, não havia uma proposta teórica única. Então, nós analisávamos as teorias da aprendizagem, as teorias a respeito do conhecimento, o que é conhecimento, como se dá, para que o professor fizesse a sua opção (...) não era uma única teoria. Eram as teorias que nós considerávamos mais significativas, que eram propostas, analisadas através de textos, mas sempre relacionando com o que o professor necessitava para melhorar sua prática. Então, realmente ele, professor, era formado dentro da escola. A formação se dava dentro da escola. (Silva, 1999, p. 178-179)

Procurávamos incentivar, em cada professor do Vocacional, fosse ele de disciplina específica ou membro da Equipe Pedagógica, o sentimento de, ao mesmo tempo, ser formador e de estar se formando. Envolvidos num processo permanente de troca de experiências, caminhávamos, do educador que éramos, para o educador ideal, que almejávamos ser. Eram o ideal e o real, caminhando juntos, dialogados, refletidos, constituindo a nossa práxis, construindo e reconstruindo a nossa identidade profissional.

Os professores, com a participação sempre atenta da equipe de direção, diagnosticavam os problemas, priorizavam as questões que exigiam encaminhamentos a curto, médio e longo prazos, propunham coletivamente ações de intervenção. Todo o trabalho era sistematicamente acompanhado e avaliado (ação–reflexão–ação), tendo por eixo a melhoria do processo de ensino–aprendizagem, o domínio do saber, a transformação da informação em conhecimento e o desenvolvimento de cada aluno em cidadão crítico e comprometido com a mudança social.

Exigia-se, ainda, de cada educador e educando, o trabalho em equipe, por meio de ações de decisão conjunta, da promoção de ações conscientes, da utilização dos recursos didáticos na execução do projeto pedagógico, bem como da implementação de um novo processo de avaliação como forma de acompanhamento do aprendizado e do desenvolvimento das aptidões dos alunos.

Trabalhávamos, no Vocacional de Americana, inicialmente, com o curso ginasial diurno e, posteriormente, o noturno, para alunos trabalhadores, acima de 14 anos. Para nós, coordenadores do Vocacional, o trabalho inicial com os alunos que chegavam à 5ª série, oriundos das escolas tradicionais, era mais um dos desafios. Qual o processo a ser desencadeado para que este aluno assumisse a nova experiência, a nova escola?

Propostas metodológicas

Nas séries iniciais (5ª série), a ênfase era dada ao estudo dirigido. Assim, a compreensão da teoria de Piaget, entre outros, era fundamental para o entendimento das operações mentais que os textos e as baterias de exercícios (nome atribuído principalmente aos exercícios de fixação) suscitavam. Do estudo dirigido caminhávamos para o estudo supervisionado e deste para o estudo livre e seminários, nas séries finais (8ª série), quando o aluno demonstrava plena autonomia na pesquisa, na elaboração de textos e trabalhos de monografia. De fato, o aluno do Vocacional aprendia a estudar e a pesquisar com autonomia. Vale ressaltar que as pesquisas de campo tinham fundamental importância, utilizando-se dos estudos do meio. Eram os coordenadores que trabalhavam com os professores os fundamentos teóricos dessas técnicas, como bem expressa o professor Newton Balzan: "(...) nós caminhávamos com o estudo dirigido, com pergunta, resposta, orientação, e caminhávamos para o estudo supervisionado, liberando o aluno até chegar na 8ª série com o estudo livre" (Silva, 1999, p. 72).

Trabalhávamos os conteúdos como importantes meios de se chegar à construção do conhecimento. Numa leitura de hoje, relaciona-se muito com a concepção de Edgar Morin sobre o significado de conhecimento:

> Conhecimento não se reduz à informação, é seu primeiro estágio. O conhecer implica, em um segundo estágio, trabalhar com as informações, classificando-as, analisando-as e contextualizando-as. O terceiro estágio tem a ver com a inteligência, a consciência ou sabedoria. A inteligência, por sua vez, tem a ver com a arte de vincular o conhecimento de maneira útil e pertinente, isto é, produzindo novas formas de progresso e desenvolvimento. A consciência e a sabedoria envolvem reflexão, isto é, a capacidade de produzir novas formas de existência, de humanização. (Morin, apud Pimenta, 1997, p. 58)

Também o depoimento da professora Louvercy é bastante elucidativo:

> (...) E, então, eram essas técnicas utilizadas por nós, no sentido de promover autonomia (...), a independência do aluno, a crítica... O pensamento crítico em determinados autores...; um texto não era dado, assim, como se fosse uma autoridade absoluta no assunto. Havia uma diversidade muito grande de textos, de autores, de teorias, para que os alunos pudessem refletir, comparar, analisar, escolher, optar por uma teoria. O importante era que ele justificasse o porquê da sua opção (...). Ele tinha sempre que justificar as suas opiniões, o seu discurso (...). (Silva, 1999, p. 176-178)

Em síntese, nossa experiência, embora desenvolvida na década de 1960, traz propostas muito atuais para a coordenação empenhada na melhoria do ensino:

- O trabalho coletivo com os professores na elaboração de uma proposta pedagógica da escola.
- A formação de grupos de estudos com os coordenadores e profissionais de outras unidades e de outras instâncias do sistema de ensino.
- A coordenação de atividades grupais como importantes momentos de acompanhamento e avaliação do projeto pedagógico — Conselho Pedagógico, encontro com os pais e reuniões com os alunos representantes de classe.
- O desenvolvimento progressivo da autonomia do aluno na construção do conhecimento (no Ginásio Vocacional tínhamos os projetos do Governo Estudantil, como a alfabetização de adultos e os trabalhos de artes e recreação com as crianças da comunidade, que muito contribuíram para o desenvolvimento da cidadania e da consciência crítica).

Retomando a epígrafe de Drummond, podemos afirmar que orientadores e professores foram os principais agentes da construção da escola sonhada por ele, e também coerente com os nossos sonhos e utopias. Os depoimentos apresentados por Jacobucci (2002), ex-aluno do Vocacional e hoje professor de Filosofia, mostram o reflexo de nosso desafio:

(...) Para o GEVA (Ginásio Estadual Vocacional de Americana), o importante foi adequar as necessidades individuais ao meio social. Retratar, o quanto possível, a vida. Promover integração por experiência. Experiências vivenciadas, desafios cognitivos e situações problemáticas (...) O companheirismo de profissionais e alunos, a solidariedade, a oportunidade de falar e ser ouvido, o despertar da autonomia e o senso crítico, o trabalho em grupo, em equipe, os estudos do meio — iniciando na comunidade. (Jacobucci, 2002, p. 20 e 116)

Não era tudo isso a escola sonhada por Drummond?

Referências bibliográficas

BRASIL. MINISTÉRIO DA EDUCAÇÃO E CULTURA. *Diretrizes Nacionais para a organização curricular do Ensino Médio*. Resolução CEB n° 3, de 26/6/98.

JACOBUCCI, Ary Meirelles. *Revolucionou e acabou? — breve etnografia do Ginásio Estadual Vocacional de Americana*. São Carlos: Compacta, 2002.

MASCELLANI, Maria Nilde. O sistema público de ensino no Ensino Vocacional de São Paulo, *Revista Ideias*. São Paulo, FDE, n. 1 (1988).

NÓVOA, Antonio. *Os professores e sua formação*. Lisboa: Dom Quixote, 1995.

PIMENTA, Selma Garrido. Formação de professores, os saberes da docência, *Revista Educação em Debate*, Mauá: Secretaria Municipal de Educação (1997).

SILVA, Moacyr. *Revisitando o Ginásio Vocacional. Um "locus" de formação continuada*. Tese (Doutorado em Educação: Psicologia da Educação) PUC-SP, 1999.

_____. *A formação do professor centrada na escola*. São Paulo: EDUC, 2002.

O coordenador pedagógico e o entendimento da instituição

Ana Archangelo*
ana.archangelo@uol.com.br

Uma história intrigante

Começo com uma experiência pessoal. Apesar de não muito excitante, penso que servirá como introdução à breve discussão que proporei a seguir. Já há alguns anos, acompanho o trabalho da rede pública de ensino. Como professora universitária, ora mais, ora menos intensamente, venho mantendo contato com os diferentes segmentos do sistema educacional, em geral enfocando a formação continuada. Anos atrás, a queixa recorrente entre professores e diretores referia-se à inexistência da função de coordenação pedagógica na escola. Avaliava-se, naquele período, que o diretor, cada vez mais chamado a desempenhar uma função burocrático-administrativa, teria sido levado a abdicar, ao longo do tempo, de sua tarefa mais diretamente pedagógica. Depositava-se, portanto, a responsabilidade por inúmeros problemas vivenciados no dia a dia na ausência de um profissional capaz de organizar o planejamento e a execução do trabalho coletivo em cada unidade escolar.

---
* Professora doutora e pesquisadora da UNESP.

Passou o tempo, alternaram-se governos, e, pouco a pouco, foi sendo atendida a reivindicação de se contar com a presença do professor coordenador nas escolas. Acompanhei esse processo de perto. A expectativa era grande. "Agora, sim!", diziam muitos. Para disputar a vaga, o professor, entre outras coisas, precisava ter o seu projeto de trabalho aprovado pelo grupo a ser coordenado por ele. A adesão dos colegas seria, dessa forma, angariada previamente. Perfeito! Muitos dos professores que conheci ainda quando desempenhavam as atividades de sala de aula tornaram-se coordenadores. Tinham, em geral, genuína capacidade de liderança e propostas de trabalho interessantes.

Mais algum tempo passado, e vem um novo programa de educação continuada resultante de um grande convênio entre a Secretaria Estadual de Educação e as universidades públicas. A novidade ficava por conta do critério para contratação dos projetos oferecidos pelas universidades. Eram as Diretorias de Ensino que escolhiam os temas a partir de suas demandas específicas. Faço menção a esse dado, aparentemente irrelevante, apenas para justificar meu espanto ao ver diferentes Diretorias de Ensino disputando e contratando um projeto elaborado por um grupo do qual eu fazia parte, destinado aos coordenadores. Dez turmas?!

Iniciado o trabalho, a surpresa. Aqueles coordenadores, selecionados por meio de processo democrático, de escolha entre os pares, a partir de projetos de atuação consensados, diziam-se incapazes, queixavam-se da falta de respaldo dos diretores e — pasmem — dos próprios colegas que os elegeram. Era isso que mobilizava tamanha demanda. Havia um exército de coordenadores sem saber o que fazer diante de uma situação inesperada. O que havia dado errado?

O que justificava a paralisia que sentiam? E a dificuldade tremenda em levar adiante qualquer atividade, não apenas aquelas de fôlego, mas também as mais simples e que de alguma forma já fazem parte da rotina do professor? E o boicote que, ainda sem querer acreditar, percebiam entre os colegas, muitos destes antigos amigos? *Se nada havia dado errado, eles realmente não serviam para ocupar a função.*

Fico com esse fragmento da história.

Um conceito um pouco estranho ao dia a dia da escola

Antes de ir adiante, é preciso advertir que o ocorrido não é exclusividade da escola pública. É expressão de algo que muito comumente acontece nas instituições, sejam elas públicas ou privadas, destinadas à educação ou não. Mas então, o que, de fato, aconteceu? Para ser honesta, algo previsível.

O ciclo é conhecido: a instituição apresenta problemas; como forma de resolvê-los, deposita-se a esperança de resolução em algo que falta à instituição; conquista-se aquilo que faltava; e isso já não é mais suficiente para solucionar os problemas. Apesar de frequente, fica evidente que este não é um mecanismo eficaz nem dos mais saudáveis. É preciso que lancemos um olhar cuidadoso sobre ele, na tentativa de superá-lo. Para tanto, é fundamental que compreendamos o que ele significa; o que comunica quando analisado para além daquilo que é formalmente ordenado e dito.

É a ideia de inconsciente que introduz essa possibilidade: pensar o ser humano e suas atitudes a partir da perspectiva do que lhe é desconhecido, ainda que lhe pertença, faça parte de seu eu. Ou seja, o conceito de inconsciente ajuda a nomear aquilo que é parte de nós e nos escapa; partes de nós que, em princípio, não nos são acessíveis pela percepção ou pela linguagem, mas que desempenham papel fundamental na modelagem dos fatos em nossa vida (daquilo que fazemos, pensamos e percebemos).

Em resumo: o conceito de inconsciente implica a existência de um sentido oculto a ser interpretado.

A distância entre esse conceito e a escola é conhecida. A despeito de várias tentativas de aproximação, a ênfase nos aspectos cognitivos do processo de aprendizagem parece afastar a escola desta dimensão humana.

Contudo, esse modelo de explicação vale para cada sujeito, único, individual, assim como para grupos que se formam com alguma finalidade comum (trabalho, lazer, esporte, por exemplo). Portanto, vale também para as instituições escolares que, ninguém contesta, ganham vida a partir das interações entre diferentes sujeitos que compartilham alguns objetivos.

Como entender a instituição a partir do conceito de inconsciente

Tentemos compreender com mais profundidade a dinâmica institucional que, com maior ou menor intensidade, interfere nas relações diárias dos sujeitos que trabalham dentro dela. Comecemos pelo fato de que toda instituição tem uma finalidade socialmente definida. Qualquer criança é capaz de reconhecer isso. Se ela chora reivindicando ir para a escola junto com o irmão mais velho, justifica sua atitude dizendo que quer aprender a escrever.

Na esfera consciente, portanto, todos aqueles que compõem a instituição, sejam eles, no caso da escola, professores, diretores, inspetores, merendeiras, alunos, sabem a que servem. Contudo, como já mencionado, cada sujeito é dotado de inconsciente, que interfere e determina parte daquilo que vive. Ou seja, apesar da finalidade explícita da instituição, cada sujeito carrega para lá desejos e conflitos que constituem aspectos determinantes de suas atitudes e convicções. Em princípio, tais características pessoais nada têm a ver com a instituição em si, mas, ao tomarem forma lá, passam a compor sua realidade.

Portanto, os problemas institucionais são fruto das condições concretas relativas às suas finalidades explícitas, em interação com o que podemos chamar de finalidades implícitas, isto é, os desejos e conflitos inconscientes dos sujeitos que ali convivem. A complexidade da situação é evidente: qualquer que seja nossa posição na hierarquia, temos objetivos a alcançar e tarefas a cumprir. Porém, fazemos valer, de um modo ou de outro, algumas necessidades inconscientes. Às vezes, tais aspectos inconscientes vêm somar nossa energia na direção da consecução de tais objetivos e tarefas; outras vezes, vão em direção contrária e nos distanciam deles.

É importante salientar que, nessa disputa entre forças, a instituição encontra um equilíbrio mais ou menos saudável, isto é, mais ou menos sensível às reais necessidades da própria instituição. Mas prestem atenção: instituição saudável não é aquela que não apresenta conflitos. Muito pelo contrário, afirma Bleger (1984). Segundo ele, a saúde da instituição se mede pela capacidade de enfrentar e manejar os conflitos, e não de evitá-los.

Onde achar sentido oculto

Voltando à experiência descrita, que aspectos devem ser problematizados à luz desse modelo explicativo? Primeiro, o fato de a instituição depositar a expectativa de sucesso naquilo que não tem. Segundo, o de boicotar aquilo que ela mesma almejou e no qual investiu energia para conquistar.

Como já foi dito, as instituições em geral, e especialmente a instituição escolar, não estão familiarizadas com a linguagem com que o inconsciente se expressa. Daí a situação desconcertante para os coordenadores. A crença inicial era a de que, ao suprirem a lacuna existente no quadro funcional, poderiam desenvolver suas atividades e contribuiriam para a resolução dos problemas existentes na escola.

A falta de um profissional preparado e com tempo para propor, sistematizar e desenvolver a reflexão e a ação educativa era uma fonte concreta de tensão naquele momento. Contudo, nenhuma instituição se confronta apenas com um único problema. Falta de pessoal é apenas um deles e, salvo exceções, quase nunca o maior. Relações desiguais e autoritárias, diferentes níveis de envolvimento com o trabalho e com a instituição, competitividade, diferentes concepções de ensino são constantes e, em geral, motivadas por questões que envolvem sentimentos de amor e ódio, hostilidade, ciúme, inveja, sentimentos de culpa, inferioridade, narcisismo, entre outros.

Conflitos não faltam e em muitos casos tendem a ser evitados, numa tentativa inconsciente de proteção. Uma das saídas encontradas leva o nome de deslocamento*. Deslocam-se os conflitos que se aproximam das dificuldades mais angustiantes, deixando-os à sombra de um conflito menos significativo e para o qual a solução não tem apelo direto e constante para o conjunto de pessoas da instituição.

---

* Para aprofundamento do conceito de deslocamento, ver: J. LAPLANCHE, J.-B. PONTALIS, *Vocabulário de psicanálise*. São Paulo: Martins Fontes, 1992, p. 116-118.

A expectativa depositada sobre os novos profissionais cumpria duas funções: a primeira, desfocar as fontes reais de conflito, diminuindo a angústia; a segunda, produzir uma dose de esperança, de confiança no futuro, a despeito dos conflitos reais e latentes, intocados, porém atuantes. Produziu-se, assim, um alívio temporário à custa do que, em parte, podemos considerar uma ilusão.

O que aconteceu, então, com os coordenadores? Por que se sentiram tão frustrados e incapazes de concretizar o planejado? Porque a presença desse profissional tão esperado não tardou a ameaçar aquele equilíbrio instável, denunciando, mesmo sem intenção de fazê-lo, esse estado de coisas. Pequenas tentativas de fazer valer o projeto de atuação do coordenador exigiriam a reorganização dessa dinâmica que, por um lado, era frágil, se considerada sua eficácia na resolução dos problemas, e por outro extremamente forte, se levado em conta seu poder de evitação dos conflitos.

Nas instituições mais maduras, tal dinâmica tende a ser mais maleável, o que significa uma maior capacidade de enfrentamento de situações novas e absorção dos aspectos positivos presentes nos processos de mudança. Nesses casos, o impacto inicial tende a suscitar velhas questões que foram ignoradas e que, nesse novo momento, podem ser retomadas, rediscutidas, agora sobre novas bases, até contando com a ajuda de um outro membro no grupo. Esse processo tende a ser enriquecedor porque permite a revisão e a reconstrução dos papéis desempenhados.

Nas instituições mais imaturas, a possibilidade de contato com os conflitos é tão temida que prevalece a rigidez que cumpre o propósito de manutenção da dinâmica defensiva. Por serem mais frágeis, consideram preferível qualquer caos já estabelecido do que uma nova ordem que mobilize angústias. Por essa razão, e por mais incongruente que possa parecer, o grupo estabelece uma relação altamente coesa na tentativa de manter o equilíbrio alcançado, mesmo quando isso inviabiliza um trabalho tão almejado quanto o dos coordenadores.

Ou seja, no caso descrito, inconscientemente, os coordenadores foram dragados por aqueles que por anos a fio reivindicaram sua presença. Anular a postura atuante do novo membro do grupo atinge mortalmente a possibilidade de enfrentamento de conflitos e, consequentemente, as chances de mudança. É, evidentemente, uma grande perda, mas, ao mesmo tempo, carrega algo que satisfaz o grupo mais frágil: a situação familiar. Em outras palavras, a instituição tende a dificultar, mesmo sem consciência disso, o trabalho do outro, do estranho àquele coletivo. Aos poucos, tende a contaminá-lo com a dinâmica já cristalizada, produzindo nele uma situação de inoperância. Daí a julgá-lo incompetente é um pulo, e essa incompetência produzida no interior da própria instituição justifica que o grupo se mantenha lastimando a falta de algo que não está disponível e que atribua a esta falta, mais uma vez, a responsabilidade pelos problemas enfrentados.

O papel do coordenador na instituição

E qual a saída? Devemos, então, concluir que a instituição mais madura tende a desenvolver-se enquanto a instituição imatura fica condenada à reprodução infindável de sua imaturidade? Não se trata de assumirmos uma posição conformista. Trata-se de reconhecermos certa ingenuidade no trato com a instituição. Um coordenador, ou qualquer outro profissional responsável, de alguma forma, pela gestão de alguma instituição, deve ter em conta que as expectativas direcionadas a ele e a sua função estão fundadas em solo nutrido também pelo inconsciente. Isso quer dizer que, em parte, as expectativas, independente de serem positivas ou negativas, são expressão de fantasias, desejos e hostilidades secretos dos sujeitos, projetados nessa figura externa. Em virtude disso, tendem a não se concretizar.

Ao assumir tarefa de coordenação ou equivalente, o profissional deve estar preparado para não sucumbir à idealização e à rejeição iniciais, ou mesmo no transcorrer do trabalho na instituição. A primeira o empurra para a ilusão de onipotência, para, em seguida, fazê-lo provar o gosto amargo da impotência. A segunda, na melhor das hipóteses, desmobiliza-o, dificultando a aceitação necessária para o início do processo de troca e construção conjunta de metas. Em casos mais graves, provoca uma reação hostil que pode levá-lo a atitudes extremamente autoritárias, realimentando o ciclo de rejeição.

Reconhecer a ingenuidade, contudo, é ainda insuficiente. É preciso saber como superá-la. A meu ver, o coordenador deve estar preparado para o diagnóstico da instituição em que trabalha (Guimarães, 2003). Não cabe a ele, apenas, o planejamento, a orientação e o acompanhamento do trabalho pedagógico, mas, paralelamente a isso, a atividade diagnóstica, em seu sentido amplo, de análise da instituição. Para tanto, o coordenador, ou qualquer gestor institucional, deve desenvolver uma capacidade de entendimento das relações interpessoais que extrapole o conhecimento específico sobre as dimensões política e cognitiva do processo educativo. É fundamental uma perspectiva de leitura da dimensão afetiva, de interpretação dos conflitos. Dessa forma, poderá propor estratégias que, de um lado, sejam condizentes com a finalidade explícita da instituição e, de outro, levem em conta suas finalidades implícitas.

Ou seja, para desenvolver o seu trabalho de coordenação pedagógica, o coordenador precisa desvendar alguns pontos de estrangulamento presentes nas relações ali presentes. As combinações são infinitas, podendo ir de um único sujeito em relação à escola toda, como entre alunos, alunos e professores, entre equipe técnica e professores, inspetores e alunos, merendeiras e secretários, entre outros. Conhecer e fazer conhecer são atribuições centrais do professor coordenador.

A identificação de conflitos permite que o foco do trabalho possa ser direcionado adequadamente, evitando o fracasso certo de atividades muito bem planejadas, mas pouco pertinentes para determinados contextos. Por meio da mediação das relações e da concretização de seu plano de trabalho, cabe ao coordenador instrumentalizar o grupo para manejar os conflitos que se apresentem na instituição, favorecendo, assim, o processo de amadurecimento e a construção da autonomia. Em síntese, o projeto de trabalho da coordenação deve também ancorar-se nos sujeitos reais que, com suas demandas e dinâmicas pessoais, emprestam vida à instituição.

Referências bibliográficas

BLEGER, J. *Psico-higiene e psicologia institucional*. Porto Alegre: Artes Médicas, 1984.

GUIMARÃES, A. A., VILLELA, F. C. B. Sobre o diagnóstico. In: Guimarães, A. A. et al. *O coordenador pedagógico e a educação continuada*. São Paulo: Loyola, 2003.

O coordenador pedagógico e as relações de poder na escola

Cecília Hanna Mate*
hannamat@usp.br

Este artigo procura discutir o trabalho da coordenação pedagógica sob o ângulo das relações de poder que constituem o espaço escolar. Embora vivenciemos o exercício do poder nos vários âmbitos da prática social, tanto sofrendo essas ações como as praticando, aqui estaremos falando de sua manifestação na especificidade dos espaços escolares. Vamos procurar problematizar a organização escolar (supervisor, diretor, assistente, coordenador pedagógico, professores, alunos e funcionários) e a produção de normas e regras que a constitui historicamente, embora tenhamos claro que outras esferas do sistema escolar, ligadas aos setores governamentais e administrativos, também compõem esse universo de relações de poder. Muitos sujeitos consideram estas esferas determinantes para as relações de poder na escola. Sem eleger um único setor como absoluto para nossa análise, vamos considerar a dinâmica interna dos indivíduos que atuam no cotidiano da escola como foco principal desta discussão. Assim, acreditamos que formas de

---

* Professora doutora da Faculdade de Educação da USP.

exercício de poder circulam nas diferentes dimensões do sistema escolar; aqui, daremos maior ênfase às relações construídas e travadas no espaço do cotidiano escolar. É importante registrar que percebemos o exercício do poder como um movimento que não se dá, *a priori,* de modo negativo e repressor. Ele atua também ao produzir e mobilizar ações consentidas pelos indivíduos ao fazê-los produtivos, neutralizando-os em sua capacidade de resistir.

As reflexões que aqui faremos estão baseadas em experiências que vivenciamos, de 1998 a 2002*, em vários contatos com professores coordenadores pedagógicos (PCPs) e coordenadores pedagógicos (CPs) das redes públicas estadual e municipal de São Paulo. Nessa aproximação, encontramos tendências** — individuais ou de grupos maiores — voltadas a ações pedagógicas mais criativas e propositivas. Mas em geral traziam conflitos e dúvidas sobre suas ações: Configuravam de fato um projeto pedagógico? Corriam o risco de resvalar para uma tendência mais burocrática e imobilizadora? Como produzir, manter e ampliar a rede de saberes na escola diante das adversidades externas e internas? Quais os maiores problemas para construir um projeto pedagógico para a escola?

Nossa reflexão vai procurar trazer alguns fatores que possam contribuir para esse debate.

I

Identificar se as práticas construídas na escola configuram ou não um projeto pedagógico pode nos levar a problematizar a própria ideia de "projeto pedagógico". Afinal, as práticas escolares — em muitos casos genuínas e criativas — devem ser reformuladas para atender a algum modelo de projeto pedagógico? Onde é fabricado este modelo e por quem? Penso que indagarmos sobre a origem

---

* Não temos a intenção de criar nenhuma visão única e abrangente de um perfil abstrato e generalizado do coordenador pedagógico e da escola, mas sim tecer algumas reflexões a partir de impressões colhidas de experiências concretas que vivenciamos.

** Inspiramo-nos em práticas que se mostraram mais emblemáticas.

de projetos e expressões que se tornam "verdade" pode ser uma prática saudável e criativa. Mais do que isso, é uma resistência a exigências que podem não fazer sentido em determinados espaços. Portanto, mais do que saber se o que fazemos é ou não um projeto pedagógico, trata-se de saber se o projeto que está sendo construído na escola faz sentido para aquela determinada realidade, questionando assim modelos prontos e acabados.

II

Nossa tradição escolar está ancorada em padrões burocráticos construídos historicamente e nos quais nos envolvemos desde nossos primeiros contatos com a escola. Nesta tradição, as reformas e as inovações, tanto curriculares como organizacionais, são assimiladas como sendo tarefas a serem desempenhadas e que foram pensadas por instâncias mais "competentes"* e preparadas melhor tanto acadêmica e administrativa como politicamente. Desse modo, observamos que um projeto pedagógico é visto como um conjunto de regras e normas, enfim, balizas que fazem funcionar o trabalho coletivo da escola. Talvez esta seja uma dimensão supervalorizada e que exija uma reflexão mais detalhada. Em primeiro lugar, é importante que se pergunte: Quem estabeleceu estas normas e regras, e como?; e em segundo lugar: Para que e para quem foram criadas? Indagar sobre quais são as regras, por quem foram feitas e para que/quem servem é exercitar um tipo de poder/resistência que permite aos indivíduos atuarem de forma mais genuína e mais combativa em relação às influências de poderes mais centralizadores e burocratizantes.

III

Enfrentar as adversidades ao produzir redes de saberes na escola pode parecer um desafio quase intransponível. Mas, se

---

* É oportuno lembrarmos da reflexão de Chauí, 1980, na qual problematiza o significado ideológico do termo e seus usos no sentido de ocultar dominações e silenciar vozes dissonantes.

considerarmos as práticas pedagógicas e sociais em geral como intrinsecamente conflituosas, veremos que a produção desta rede de saberes (que pode se configurar em autêntico projeto pedagógico) pode, em muitas escolas, estar em franco processo de produção, "a despeito" das adversidades, ou melhor, movida por elas. O enfrentamento de poderes, a reconstrução de novas formas de poder/ resistência diante de adversidades tanto internas como externas pode ser um elemento de mobilização das "artes de fazer"* de educadores. Quanto às adversidades externas, podemos apontar aquelas de natureza social mais ampla — a crise econômica, a violência, a desestruturação familiar. O enfrentamento desses tipos de dificuldades podem estar, por exemplo, na reestruturação do currículo discutido coletivamente ou por áreas, de modo a problematizar os conhecimentos diante dos temas da realidade social. Sobre as adversidades internas, lembramos, entre outras, as relações entre a equipe escolar, que, em alguns casos, se mostram bastante difíceis. Chamou-nos a atenção que escolas nas quais os obstáculos estavam nas relações construídas entre docentes/ coordenador e diretor eram as que mais encontravam dificuldades em construir um trabalho pedagógico mais criativo, independente do fato de a escola estar localizada em lugar favorável ou não. Pelo contrário, as escolas que mantinham uma maior comunicação entre os membros de sua equipe conseguiam construir um projeto pedagógico ancorado em discussões, por meio das quais os percalços e contratempos eram debatidos em grupo. Isto não significa ausência de conflitos, característica inerente a qualquer grupo social. A diferença é que as dificuldades eram discutidas, colocadas em xeque, problematizadas num movimento incessante de troca, confronto e busca.

IV

Uma possibilidade de reflexão que pode ser feita em torno dessas experiências é a importância do trabalho dos coordenadores

---

* Tomei o termo "artes de fazer" de Certeau (1996).

pedagógicos na condução democrática das discussões referidas. Mas, embora o papel do coordenador pedagógico seja importante, este não é o único fator no enfrentamento das adversidades, pois depende também das relações de poder da equipe escolar, que podem ser mais ou menos hierarquizadas e autoritárias, o que dificultaria a circulação de novos fazeres, ideias e propostas. Esses fatores seriam fundamentais para cimentar o debate, a discussão e a troca relativos aos discursos escolares: temas, objetivos, metodologias, projetos interdisciplinares, formas de avaliação. O debate de questões do tipo "influência da TV na mentalidade escolar", "a des/motivação para aprender e para ensinar" e outras podem nortear problematizações da prática escolar e de um projeto pedagógico. O que queremos destacar é que os problemas "essencialmente" pedagógicos estão imbricados com os embates que se criam no interior das relações de poder que circulam, se transformam, se deslocam numa rede de dispositivos, vividos cotidianamente. É dentro, portanto, dessas práticas de poder — e não fora delas — que são exercidas as práticas de resistência e construção de outras práticas...

V

Ao concluir este texto, queremos deixar registrados alguns desdobramentos das reflexões aqui feitas e que se vinculam à construção de um projeto pedagógico:
- *Suspeitar de repertório consagrado e de projetos consensuais*

Um dos dispositivos que os poderes das várias esferas do sistema escolar — tanto os internos como aqueles ligados aos setores governamentais/administrativos, reforçados por setores da intelectualidade — têm veiculado é uma meta a ser atingida: "o" projeto pedagógico. Observemos que esta expressão aparece, via de regra, no singular, pressupondo a possibilidade de existência de um modelo de projeto. Além disso, a expressão traz subjacente a ideia de que para se ter "o" projeto pedagógico na escola é preciso que se atinja repertório consagrado e legitimado em outro lugar, resultando num conjunto harmonioso e articulado de propostas. Consenso? Na linha que demos a este texto, podemos concluir que um projeto pedagógico poderia ser mais um espaço de discussão permanente das diferenças e das formas de trabalhar do que um consenso.

• *Enfrentar padronizações*
Partindo do princípio de que um projeto pedagógico é produto da discussão permanente de determinada escola, é importante que o coordenador pedagógico procure encaminhar as discussões para que formas de trabalho mais inventivas possíveis emerjam do grupo. Desse modo, cria-se uma prática de rever e problematizar modelos e evitar burocratizações.

• *Considerar a imprevisibilidade da sala de aula*
Contraditoriamente, diante da singularidade de cada sala de aula, buscam-se fórmulas ligadas mais à regulação social do que propriamente aos saberes. Em geral, estas fórmulas são direcionadas às regras de como transmitir os conhecimentos e não de se questionar para que servem, nem de suas conexões com a realidade. Talvez, pela imprevisibilidade da sala de aula, pudéssemos pensar criticamente sobre como têm sido as práticas regulativas desenvolvidas em seu interior, comparando-as com as possibilidades criativas propiciadas pelo seu lado imponderável.

Ficam assim as relações de poder como um pano de fundo a ser pensado nos espaços de discussão de projetos pedagógicos e que, se percebidas em seu exercício, podem propiciar aos coordenadores pedagógicos e demais educadores condições de propor, decidir, aceitar, rejeitar, resistir, partilhar, criticar, problematizar, colaborar, inventar, enfim, participar!

Referências bibliográficas

CERTEAU, Michel de. *A invenção do cotidiano: artes de fazer*. Petrópolis: Vozes, 1994.

CHAUÍ, Marilena. *Cultura e democracia: o discurso competente e outras falas*. São Paulo: Moderna, 1980.

FOUCAULT, Michel. *A microfísica do poder*. 6ª ed. Rio de Janeiro: Graal, 1986 (traduzido e organizado por Roberto Machado).

MATE, Cecília Hanna. *Tempos modernos na escola (os anos 30 e a racionalização da educação brasileira)*. Bauru: Edusc/Brasília, DF: INEP, 2002.

_____. O coordenador pedagógico e as reformas pedagógicas. In: Almeida, L. R., BRUNO, E. B. G., CHRISTOV, L. H. (orgs.). *O coordenador pedagógico e a formação docente*. São Paulo: Loyola, 2000.

O coordenador pedagógico e a avaliação da aprendizagem: buscando uma leitura interdisciplinar

Sylvia Helena Souza da Silva Batista*
Otília Maria Lúcia Barbosa Seiffert**
sylviah@cedess.epm.br

"... quatro ignorâncias podem ocorrer num amante que diminuem muito a perfeição e o merecimento do seu amor; ou porque não conhecesse a si mesmo; ou porque não conhecesse a quem amava; ou porque não conhecesse o amor; ou porque não conhecesse o fim onde há-de parar, amando."
(Padre Antônio Vieira)

Estas palavras de Padre Antônio Vieira nos causam inquietação: num momento em que as pesquisas apontam a necessidade de

---

* Professora da Universidade Federal de São Paulo (UNIFESP) *Campus* Baixada Santista.
** Professora e pesquisadora da Universidade Federal de São Paulo/Centro de Desenvolvimento do Ensino Superior em Saúde (UNIFESP/CEDESS).

alteração de práticas avaliativas no âmbito do espaço escolar, em que as políticas públicas situam a avaliação como um mecanismo de controle social fundamental para a construção de uma educação transformadora, em que professores reivindicam a participação efetiva na maneira de avaliar o aluno em seu percurso de aprendizagem, como superar *ignorâncias* e instaurar níveis de conhecimento dos sujeitos, seus valores, práticas e projetos?

Na perspectiva de contribuir para o debate contemporâneo e, de forma especial, com a elaboração de caminhos propositivos no campo das relações entre o coordenador pedagógico e a avaliação da aprendizagem é que este texto foi produzido.

Assim, propomos uma conversa sobre o sentido e a direção que os processos avaliativos podem assumir no contexto do trabalho de coordenação pedagógica, entendendo que coordenar e avaliar constituem verbos-atos na delicada e complexa tarefa educativa. É importante acentuar que pensar práticas avaliativas exige reconhecer, dialeticamente, que outros dois sujeitos participam singularmente das relações em foco: o professor e o aluno.

Essa conversa pretende, sem desconhecer as diferentes vozes presentes nas práticas pedagógicas, partilhar uma leitura que encontra na interdisciplinaridade uma lente teórico-metodológica para abordar as relações que são construídas entre o coordenador pedagógico e a avaliação da aprendizagem.

Ler é significar, é conhecer diferentes ênfases, é dialogar. Conversar é troca, é interlocução, é negociar projetos. Eis nosso objetivo: tecer uma leitura que favoreça conversas entre os que vivem o desafio do conhecimento — da sua produção à sua socialização, sua apropriação e sua divulgação.

Interdisciplinaridade: que é isto?

A busca pela leitura interdisciplinar traduz nosso entendimento de que as ações humanas estão inscritas dialeticamente no mundo, revelando as trajetórias de cada sujeito, as ambiguidades das interações, os significados das práticas e dos discursos, sem desconsiderar as concretas condições sociais de existência (Hass, 2000; Furlanetto, 2000).

Fazenda (1991) nos situa a interdisciplinaridade como uma atitude possível diante do conhecimento. Atitude de quê? Atitude de buscar alternativas para conhecer mais e melhor; atitude de espera perante atos não consumados; atitude de reciprocidade que impele à troca, ao diálogo com pares idênticos, com pares anônimos ou consigo mesmo; atitude de humildade diante da limitação do próprio saber; atitude de perplexidade ante a possibilidade de desvendar novos saberes; atitude de desafio diante do novo, desafio de redimensionar o velho; atitude de envolvimento e comprometimento com os projetos e pessoas neles implicados; atitude de responsabilidade, mas sobretudo de alegria, revelação, encontro, enfim, de vida.

Rios (1995), ao articular interdisciplinaridade com ética, competência, alteridade, afirma:

O isolamento numa atitude individualista impede a intersubjetividade, a interdisciplinaridade. (...) Só é possível falarmos de interdisciplinaridade na interlocução de duas ou mais disciplinas, de uma interlocução criadora, na qual se transcende o espaço da subjetividade para ir ao encontro de muitas subjetividades/disciplinas em diálogo. (p. 133)

Assim, interdisciplinaridade não significa negação, diluição ou fusão das disciplinas, nem valorização do senso comum em detrimento do conhecimento científico, pois:

... o senso comum, tomado em si mesmo, é conservador e pode gerar prepotências ainda maiores que o conhecimento científico; interpenetrado pelo conhecimento científico, entretanto, pode partejar uma nova racionalidade... (Fazenda, 1991, p. 15)

Conceber o conhecimento como interdisciplinar requer uma rigorosa revisão e ruptura com as formas tradicionais de se entender e produzir saberes, procurando (des)revelar territórios rigidamente delimitados e constituir percursos e itinerários que apreendam as singularidades, as propostas de inovação e os projetos de transformação.

Fourez (2001) propõe que os movimentos interdisciplinares possam configurar o que denomina de *ilhas de racionalidade*: representações construídas intersubjetivamente em função das necessidades da situação, considerando o contexto, os sujeitos envolvidos, as interlocuções privilegiadas, os objetivos delineados, os resultados esperados.

Nesta perspectiva, lidar com o conhecimento exige uma apropriação efetiva dos conteúdos já sistematizados, aliada a uma postura de escuta e acolhimento do outro com suas especificidades. Esta postura pressupõe que as alternativas para responder às diferentes demandas sejam produzidas no diálogo, na parceria, no conflito que gera a busca de consensos provisórios.

Configura-se o traço de provisoriedade na interdisciplinaridade: as verdades científicas são produções relativas a um espaço, a um tempo e, portanto, são elaboradas, partilhadas, aceitas, contestadas, superadas, revisitadas, reelaboradas.

Fazenda (2001) destaca que interdisciplinaridade traz para o processo ensino–aprendizagem novas possibilidades de compreensão e intervenção, pois compreende

> Uma nova atitude diante da questão do conhecimento, de abertura à compreensão de aspectos ocultos do ato de aprender e dos aparentemente expressos, colocando-os em questão. (p. 11)

E é esse posicionamento de desvelamento, de procura do que não se apresenta a uma primeira análise, que nos possibilita pensar a avaliação da aprendizagem como processo que tem sido (re)construído a cada prática educativa.

Avaliação da aprendizagem: da literatura às concepções docentes

A análise das atuais contribuições teóricas sobre a evolução da avaliação educacional no Brasil nos evidencia que estudiosos brasileiros como Luckesi (1995), Demo (1990), Vasconcellos (1999), Sousa (1999), Berbel (2001), Gatti (2002), Ludke (2002), Vianna (2002), entre outros, têm se dedicado a estudos e pesquisas sobre a avaliação da aprendizagem. Nesse processo de construção de conhecimentos, ao teorizarem sobre as práticas avaliativas que se concretizam em nosso sistema educacional — do cotidiano da sala de aula aos projetos de avaliação de sistema —, nos trazem instigantes achados, dando visibilidade às dimensões intersubjetivas que permeiam esse processo.

Embora não tenhamos a intenção de mergulhar na dimensão histórica da avaliação, explicitando suas raízes epistemológicas e mapeando a produção científica sobre a temática, entendemos ser necessário para esta nossa conversa uma breve menção aos referenciais conceituais que envolvem o pensamento e as práticas avaliativas.

Ao recorrermos aos estudos desses especialistas, podemos evidenciar que a teoria da mensuração, cujas fontes inspiradoras foram pesquisadores educacionais norte-americanos, tem determinado a própria identidade dos diferentes processos de avaliação, ou seja, o lugar, os objetivos e os procedimentos que são estabelecidos para a avaliação no sistema educacional brasileiro.

Luckesi (1995), ao fazer uma descrição fenomenológica de como o rendimento escolar é avaliado, conclui que na prática se realiza a *verificação* em face do privilégio à mensuração do desempenho do aluno, da transformação da medida em nota ou conceito, e da utilização, na maioria das vezes, dos resultados para classificar os alunos em aprovados ou reprovados.

Tal constatação, assumida por muitos estudiosos, educadores e educandos, pode ser ampliada com base na afirmação de Vianna (2002, p. 77):

A avaliação em nossas escolas — públicas ou privadas, confessionais ou laicas, boas ou más —, não importando suas motivações e objetivos, é eminentemente somativa, preocupada com os resultados finais, que levam a situações irreversíveis sobre o desempenho, sem que os educadores considerem as várias implicações, incluindo as sociais, de um processo decisório muitas vezes fatal do ponto de vista educacional.

As revisões críticas sobre esta perspectiva de fazer a avaliação impuseram aos especialistas e educadores a elaboração de outros referenciais que favorecessem a concretização da avaliação em sua essência científica e educativa, interligada aos processos de ensinar e aprender, viver e (re)construir, coletivamente, ideias e ações no interior da escola e fora dela.

Mas de qual avaliação estamos falando?

Antes de respondermos a esta indagação, é importante ressaltar que contamos com uma produção bibliográfica brasileira importante, que, embora precise ser ampliada, nos orienta e ensina, a partir de experiências concretas, caminhos que podem garantir não apenas a quantificação, mas sobretudo a qualificação dos resultados da aprendizagem dos educandos.

Neste contexto, assumimos a avaliação como "uma crítica do percurso de uma ação" (Luckesi, 1995, p. 116), implicando o levantamento de dados que possam constituir subsídios para a tomada de decisões. Ao conhecermos os limites, avanços, possibilidades, e perspectivas, é possível apontar propostas de melhoria e consequentes transformações. Há, portanto, que se estabelecer algumas questões orientadoras, como: Que concepção e processos fundamentais da educação escolar tomar como critérios da avaliação? Qual qualidade da educação deve-se assumir como marco de referência para avaliar?

Considerando o propósito deste texto, optamos por não responder a estas indagações, mas provocar nosso(a) leitor(a), nesta nossa conversa, a lembrar o desafio do ato de avaliar, pois aqueles que se envolvem nesta seara devem reconhecer seu papel de pesquisador e educador. Afinal, como nos sinaliza Vianna (2002, p. 86), ao citar Stake e Kerr (1994):

O avaliador é um "provedor de imagens", alguém que proporciona elementos essenciais para o espírito daqueles que devem confrontar diferentes imagens resultantes da experiência tácita, imagens que vão despertar a atenção para novas expectativas e suposições de possíveis novas verdades, e são essas imagens que muitas vezes se chocam, nos trazem para um novo mundo bem diverso do nosso dia a dia. Além de cientista e pesquisador, o avaliador, como artista, deve produzir uma obra que nos leve à construção de novas realidades.

O coordenador pedagógico e a avaliação da aprendizagem

Portanto, temos a crença de que o ato educativo deve ter como referência conceitual que avaliar é construir caminhos que favoreçam o acompanhamento das aprendizagens, rastreando avanços, nós críticos e zonas de dificuldade, reconhecendo que qualquer proposta educativa, do seu planejamento à avaliação, inscreve-se num dado projeto curricular e contexto social, que se configura por um conjunto de transformações que demandam mudanças no cotidiano escolar.

Este reconhecimento confere visibilidade ao caráter político das práticas avaliativas, ao mesmo tempo que implica desvelar as subjetividades e suas implicações com os espaços sociais, econômicos e culturais. Neste cruzamento de saberes e fazeres, impõe-se conhecer o que pensam professores e futuros professores sobre a avaliação da aprendizagem.

As concepções que compõem e ampliam nossa leitura foram apreendidas a partir da análise de depoimentos escritos e desenhos elaborados por docentes de diversas áreas de conhecimento que participavam de um processo de formação. Propusemos a estes professores que expressassem como concebem a avaliação da aprendizagem.

Segundo as análises, a *avaliação da aprendizagem* pode ser:

- *Mensuração/Verificação*: as imagens de forca, tribunal, sala de aula organizada em dia de prova, balança, correntes que prendem os alunos, relógio, vários livros para ser estudados numa noite, caixa-preta traduzem com vigor práticas avaliativas que privilegiam a *medida da quantidade de conhecimento*, sem perceber a relevância dos conteúdos e/ou a efetiva possibilidade de aprendizagem. No campo das interações, neste contexto conceitual, a memória traz situações de desconforto, sofrimento, percepção do erro como algo negativo e destrutivo.

Um relato parece traduzir no discurso escrito os símbolos que os desenhos revelaram:

Estava no terceiro ano e o professor era muito rigoroso na prova. Durante as aulas não transmitia o conteúdo necessário e tínhamos que decorar o livro. No dia da prova não sei o que aconteceu, mas "me deu um branco" e tirei uma nota abaixo da média, ficando em recuperação. Então, decido decorar cada parágrafo do livro e tirei nota 9. Hoje não me lembro nada do que foi estudado.

- *Acompanhamento/Monitoramento da Aprendizagem:* com uma frequência menor de indicação, as imagens de roda (ciranda), escada com corrimão, encontros do professor com os alunos para discutir os erros, arco-íris, anunciam que os docentes e futuros professores identificam a avaliação como um processo formativo, em que o docente se compromete com o desenvolvimento e a aprendizagem do aluno. Neste panorama, as experiências interativas estão marcadas por respeito, parceria, compromisso e cumplicidade entre professor e aluno.

A fala destacada ilustra esta concepção:

Um professor, recém-chegado de seu Doutorado, resolveu substituir as fatídicas aulas teóricas de Ecologia por aulas práticas de campo. Para avaliar o que havíamos aprendido, ele pediu para formarmos grupos e a partir da palavra ECOLOGIA cada grupo deveria discorrer sobre diferentes aspectos. Ao final desta atividade, foi realizada uma permuta crítica das respostas entre os grupos. Tal forma de ensinar e avaliar favorece a interação professor–aluno num clima de respeito e ajuda.

As concepções apreendidas remetem-nos às relações entre os sujeitos que constroem o processo ensino–aprendizagem. Professor e alunos, ao empreenderem movimentos de apropriação do conhecimento, acabam mobilizando suas histórias e trajetórias, ora encontrando convergências, ora percebendo caminhos diferentes e até antagônicos. É nesta ambiguidade que a mensuração ou o acompanhamento se fazem presentes, configurando o desafio de lidar com a diversidade, as especificidades, a validade e o significado dos conteúdos.

Assim, avaliar constitui um exercício de autoria e coautoria, em que discentes e docentes vivem, criam e transformam e/ou mantêm as circunstâncias sociais que têm na escola fóruns privilegiados para a circulação dos conhecimentos relativos às diferentes áreas disciplinares.

Ser autor e coautor demanda problematizar os processos educativos e, nesse sentido, acessar e explicitar concepções acabam por conferir certa visibilidade às práticas avaliativas: clima, postura docente, tipos de interações, instrumentos, critérios são dimensões que anunciam modos de avaliar a aprendizagem.

E estes modos revelados nos desenhos e relatos docentes chamam a atenção por um caráter autoritário, punitivo, classificatório e seletivo, que parece ainda marcar as experiências de aprendizagem e ensino. Considerando que toda hegemonia apresenta rupturas e posicionamentos alternativos, também emergem estilos de avaliação pautados no diálogo, no compromisso com o que o aluno aprendeu, no cuidado em incluir e na perspectiva formativa.

As relações entre os sujeitos que constroem o processo ensino–aprendizagem encontram nas práticas avaliativas possibilidades de superar as *ignorâncias* relativas ao conhecer, aprender, formar, fomentando uma amorosidade tal como nos coloca Luckesi (1995):

O ato de avaliar, por sua constituição mesma, não se destina a julgamento "definitivo" sobre uma coisa, pessoa ou situação, pois que não é um ato seletivo. A avaliação se destina ao diagnóstico e, por isso mesmo, à inclusão, destina-se à melhoria do ciclo de vida. Deste modo, por si só, é um ato amoroso.

Afirmar a intenção de investir em práticas avaliativas que estejam sintonizadas com projetos educativos críticos e transformadores não configura instantaneamente uma nova cultura de avaliação; antes indica as direções que estão orientando as ações, reconhecendo a necessidade de se pensar, negociar, construir propostas que viabilizem novos modos de avaliar a aprendizagem.

Superando ignorâncias e construindo atos amorosos... um projeto interdisciplinar para/na coordenação pedagógica

A complexidade e a singularidade do processo de avaliação da aprendizagem configuram cenários pedagógicos carregados de expectativas, crenças e maneiras de assumir a responsabilidade pelo monitoramento do aprender em suas diferentes dimensões e possibilidades.

O lugar que o professor coordenador pedagógico vem assumindo ganha, cada vez mais, contornos de mediação e interlocução: da construção do projeto político-pedagógico à articulação cotidiana das propostas docentes, a coordenação pedagógica situa-se como um espaço que, profundamente marcado pela cultura escolar, pode favorecer a emergência de redes de trocas entre os professores (Orsolon, 2002).

Furlanetto (2001) nos inspira a pensar que o coordenador, ao assumir a perspectiva de projeto interdisciplinar, pode contribuir no processo de análise docente das situações de avaliação da aprendizagem. As contribuições parecem residir, entre outras possibilidades, na construção de espaços colaborativos de formação, nos quais as equipes escolares e particularmente os professores possam refletir sobre suas histórias, seus valores, crenças e práticas (Mizukami e cols., 2002).

Ao refletir, o docente pode apreender a avaliação como constituinte de seu trabalho pedagógico, estabelecendo as conexões entre objetivos delineados, conteúdos desenvolvidos e opções metodológicas. Esse processo de atribuição de novos significados à avaliação da aprendizagem encontra no coordenador uma interlocução fundamental.

Dessa forma, coordenar vai se materializando em práticas que articulam o vivido com olhares prospectivos, demandando autoconhecimento, diálogo, trabalho coletivo e (re)elaboração de caminhos que se coadunem com uma educação emancipadora. Desenham-se momentos de formação que, por serem fundados na parceria, privilegiam a coautoria e as redes de saberes e experiências.

Nesse cenário, a avaliação da aprendizagem é reconhecida como condicionada e condicionante da aprendizagem, ensino, inovações educacionais, mudanças curriculares — configura-se um processo em que avaliar torna-se uma prática refletida.

Fomentar a discussão coletiva, mediar as ações inovadoras, provocar estudos e investigações sobre o que está sendo realizado no espaço escolar situam-se como possibilidades para práticas da coordenação pedagógica que entendam a avaliação da aprendizagem como uma expressão-síntese do que é possível desenvolver num dado contexto formativo.

E esta expressão-síntese revela saberes e fazeres, traduzindo, também, as aprendizagens apropriadas ao cotidiano do trabalho do professor num dado espaço escolar. Desvela-se mais um veio de trabalho para o coordenador pedagógico: explorar o que, como e por que se faz de determinados modos no âmbito das práticas avaliativas, entrelaçando os referencias teóricos, as políticas públicas e o concreto vivido.

Parece-nos, dessa forma, que o *não conhecimento* a que se refere Padre Vieira abrange, entre outras dimensões, a negação ou secundarização dos sistemas de crenças que orientam as práticas docentes (Aragão e cols., 2002). Sem conhecê-los, não temos como alterá-los, e sem transformá-los ficaremos impedidos de experienciar *a perfeição e o merecimento* de processos avaliativos que apreendam a aprendizagem escolar em sua diversidade, sua multiplicidade e sua historicidade.

Identifica-se que, se os sistemas de crenças dos professores são constituídos por conceitos, teorias e práticas já decifrados e decodificados, são igualmente prenhes do que não se deixa capturar, do insólito, do que não é possível tocar. Aí está um limite de coordenar, aprender e avaliar: há espaços vazios que, quando deles nos aproximamos, nos convidam a novos movimentos, abandonando o totalitarismo de, *a priori*, já ter o modo certo de fazer, responder e controlar e engendrando o olhar atento e a escuta sensível às singularidades — como nos diz Larossa (1999, p. 196): "só na espera tranquila do que não sabemos e na acolhida serena do que não temos, podemos habitar..."

As redes de trocas construídas nas escolas podem ser transformadas em espaços vividos como exercícios de autonomia e formação. E aqui enuncia-se, também, o lugar do coordenador em um projeto interdisciplinar: a sensibilidade de provocar a auto-reflexão e a reflexão interpares, possibilitando que a avaliação da aprendizagem deixe de ser *a queixa* para constituir o *material vivo* de leitura da realidade, explorando-a e transformando-a.

> ... se perdemos já o sentido da verdade e se, como o porqueiro, desconfiamos da verdade, teremos, talvez, que aprender a viver de outro modo, a falar de outro modo, a ensinar de outro modo. (Larossa, 1999, p. 165)

Emergem novos desafios para as complexas relações entre o Coordenador Pedagógico e a Avaliação da Aprendizagem: teremos, quem sabe, de projetar e implementar um outro modo de tratar a coordenação pedagógica, a avaliação da aprendizagem, o trabalho do professor. E somente pensamos na construção de um projeto interdisciplinar para a Coordenação Pedagógica porque existe um outro (docente, aluno, comunidade) que interpela e desafia.

Nesse sentido, o Coordenador pode, em suas relações com a aprendizagem, ensino e avaliação, ser um sujeito que pergunta e desencadeia questões, ao mesmo tempo que escuta, busca alternativas e altera seus próprios questionamentos — de provedor de respostas a mediador das interrogações.

"Por que será que não conhecemos as respostas até encontrarmos as perguntas?" (Richard Bach, *Fugindo do ninho*)

Estas palavras nos inspiram a situar a busca por uma leitura interdisciplinar das relações entre o coordenador pedagógico e a avaliação da aprendizagem como um convite à construção de práticas educativas que sejam transformadoras, reconhecendo-nos como *amantes* cuidadosos e atentos, desconfiando das certezas e do que parece, irremediavelmente, consensual, aprendendo imagens e indícios, escutando discursos. *Amantes* que têm clara consciência de que somente têm esta condição porque existe o outro.

Referências bibliográficas

ARAGÃO, Ana Maria; SARETTA, Paula, ESCHER, Carolina de Aragão. Análise de crenças e suas implicações para a educação. In: AZZI, Roberta e ARA-

GÃO, Ana Maria. *Psicologia e formação docente: conversas e desafios*. São Paulo: Casa do Psicólogo, 2002.

BERBEL, Neusi (org). *Avaliação da aprendizagem no ensino superior — um retrato em cinco dimensões*. Londrina: UEL, 2001.

DEMO, Pedro. Qualidade da Educação — tentativa de definir conceitos e critérios de avaliação. *Estudos em Avaliação Educacional*, Fundação Carlos Chagas, São Paulo, n. 2 (jul./dez. 1990), 11-25.

FAZENDA, Ivani (org.). *Interdisciplinaridade — um projeto em parceria*. São Paulo: Loyola, 1991.

FOUREZ, Georges. *Fundamentos epistemológicos para a interdisciplinaridade*. Documento CERI/HE. Canadá, 2001, mimeo. (Tradução feita por Vera Brandão)

FREIRE, Paulo. *A pedagogia da esperança*. São Paulo: Cortez, 1998.

FURLANETO, Ecleide. Formação de professores: desvelando os símbolos para pesquisar interdisciplinarmente. In: Roldão, M. C., MARQUES, R. (org.). *Inovação, currículo e formação*. Porto: Porto Editora, 2000.

_____. O coordenador pedagógico e a interdisciplinariedade. In: QUELUZ, Ana Gracinda (org.). *Interdisciplinaridade*. São Paulo: Pioneira, 2001.

GATTI, Bernadete. A avaliação educacional no Brasil: pontuando uma história de ações. *Ecos*, Revista Científica, São Paulo, UNINOVE, v. 4, n. 1, (jun. 2002), 17-41.

HAAS, Célia. A universidade e a formação docente: em busca da formação docente interdisciplinar. In: Roldão, M. C., Marques, R. (org.). *Inovação, currículo e formação*. Porto: Porto Editora, 2000.

LAROSSA, Jorge. *Pedagogia profana — danças, piruetas e mascaradas*. Belo Horizonte: Autêntica, 1999.

LUCKESI, Cipriano. *Avaliação do desempenho escolar*. São Paulo: Cortez, 1995.

LUDKE, Menga. Um olhar crítico sobre o campo da avaliação escolar. In: LUDKE, Menga, Freitas, Luiz C. de. *Avaliação — construindo um campo e a crítica*. Florianópolis: Insular, 2002.

MIZUKAMI, Maria das Graças et al. *Escola e a aprendizagem da docência*. São Carlos: UFSCAR/INEP, 2002.

ORSOLON, Luzia. Intenções e problemas em práticas de coordenação pedagógica. In: ALMEIDA, Laurinda, PLACCO, Vera (orgs.). *O coordenador pedagógico e o espaço da mudança*. 2.ª ed., São Paulo: Loyola, 2002.

RIOS, Terezinha. A. *Ética e competência*. São Paulo: Cortez, 1995.

SOUSA, Clarilza (org.) *Avaliação do rendimento escolar*. Campinas: Papirus, 1999.

VASCONCELLOS, Celso. *Avaliação da aprendizagem*. São Paulo: Libertad, 1999.

VIANNA, Heraldo M. Questões de Avaliação. In: VIANNA, Heraldo M., FREITAS, Luiz C. de. *Avaliação — construindo um campo e a crítica*. Florianópolis: Insular, 2002.

A indisciplina na escola e a coordenação pedagógica

Francisco Carlos Franco[*]
fran.franco@bol.com.br

Entre as reclamações mais constantes que os professores fazem com relação ao dia a dia de seu trabalho, a mais frequente é sobre a indisciplina na escola. Muitos docentes chegam até a afirmar que o problema da indisciplina na sala de aula está inviabilizando o seu trabalho.

A problemática não é nova, porém, nos dias atuais, está ganhando uma dimensão até então não vivenciada na escola. Percebemos que muitos professores acabam até desencadeando um processo de estresse, tamanha a dificuldade que têm para conviver, administrar e criar alternativas de intervenção que possam ajudá-los a contornar situações dilemáticas com alunos indisciplinados.

Na maioria das vezes, muitos professores preferem encaminhar os alunos à Direção e/ou ao professor coordenador pedagógico (PCP), para que sejam aplicadas sanções a esses alunos indisciplinados. Há uma cobrança do corpo docente para que a direção

---

[*] Coordenador de Curso e Professor da Universidade Braz Cubas — Mogi das Cruzes. Doutor pelo Programa de Estudos Pós-graduados em Educação: Psicologia da Educação, PUC-SP.

da escola atue com rigor com esses alunos e, em alguns casos, cobram suspensões e, até mesmo, a expulsão da criança (ou adolescente), como forma de resolver o problema. Vale lembrar que ações autoritárias não resolvem o problema e pouco ajudam os alunos, podendo acentuar ainda mais o comportamento indesejado. Essa postura do professor, em encaminhar o aluno indisciplinado ao Diretor e/ou ao PCP, vem, invariavelmente, acompanhada com uma crítica muito acirrada à família, responsabilizando os pais pela falta de limite com que essas crianças (ou adolescentes) chegam à escola. Em alguns casos esse fato é verdadeiro, pois muitas famílias, hoje, têm dificuldade em educar seus filhos. Isto sem contar com o fato de crianças que convivem num ambiente violento, ou então outras que foram abandonadas pelos pais e, em muitos desses casos, convivem com a miséria e a falta de uma estrutura familiar. Fica evidente que essas crianças (ou adolescentes), que pouca (ou nenhuma) orientação têm no seio da família, são as que mais necessitam da ajuda da escola.

Desta maneira, destacamos a importância de a comunidade escolar repensar como está atuando em relação aos problemas de indisciplina que enfrenta em seu cotidiano. Percebemos que as ações são, quase sempre, isoladas, sem uma discussão mais aprofundada sobre o problema.

Nesse contexto, destacamos a importância do PCP, que pode, junto à equipe escolar, ajudar o grupo a discutir e a refletir sobre a problemática da indisciplina. Sua ação pode ser pautada em duas dimensões: a primeira, como investigador da realidade; a segunda, na proposição de um projeto de formação junto ao corpo docente, como forma de buscar alternativas para mediar o problema.

O PCP como investigador da realidade

Vários fatores podem ser observados pelo PCP, com vista a constatar quais são os aspectos que estão desencadeando problemas de indisciplina na escola, entre os quais destacamos: a concepção de disciplina dos docentes; a relação professor–aluno; o conhecimento dos professores sobre infância e adolescência; as propostas de trabalho desenvolvidas em sala de aula; a valorização do espaço escolar pelo aluno.

a) A concepção de disciplina dos professores
O que os professores entendem por disciplina? Esta é a primeira questão a ser analisada, pois muitos docentes acreditam que um aluno disciplinado é aquele que se adapta à sociedade, sendo, desta maneira, facilmente domesticado e tendo de se resignar aos mandos e desmandos do professor.

Muitos docentes que acreditam que a obediência incondicional do aluno é sinônimo de disciplina acabam cobrando dos alunos uma atitude de passividade, o que pode gerar muitos conflitos, além de ser contraditório com os objetivos da formação de sujeitos críticos, participativos e autônomos. Geralmente os alunos rejeitam essa postura, pois na verdade se sentem desrespeitados, desvalorizados como pessoa; como afirma Rios (2001, p. 124):

> O reconhecimento do outro e o respeito a ele devem coexistir com o autoconhecimento e a exigência de respeito da parte dele. Trata-se de uma relação efetivamente dialética: ao voltar-me para mim mesmo, encontro o outro, e para voltar-me para ele é necessário que eu me volte sobre mim mesmo, à medida que na relação intersubjetiva não há possibilidade de conhecimento sem que sejam afetados os dois polos. Estamos falando, portanto, da exigência essencial de um respeito mútuo na relação entre os indivíduos.

Respeitar o aluno na sua individualidade, garantir espaços para sua participação e respeitá-lo como pessoa são aspectos que devem ser garantidos na escola e, quando não são desenvolvidos a contento, podem desencadear focos de indisciplina que, na verdade, são a maneira que os alunos encontram para buscar espaço, reconhecimento e respeito.

b) A relação professor–aluno
Este aspecto está intimamente ligado ao anterior, pois a maneira como o professor concebe a disciplina em sala de aula influencia a sua relação com o aluno.

Com frequência, muitos professores reclamam da rebeldia e de atitudes violentas dos alunos para com sua pessoa. Em alguns casos, essas atitudes das crianças ou dos adolescentes são reflexo da ação do próprio professor que usa sua autoridade de forma autoritária, desencadeando uma relação que

... transforma-se numa verdadeira guerra, com os seus participantes (professor e aluno) desenvolvendo um ódio surdo e paralisante que, por debaixo da falsa harmonia do respeito formal, destrói o relacionamento e o compromisso educacional. Entre o professor e os alunos existe "uma terra de ninguém", característica dos campos de batalha, que corta todo e qualquer relacionamento efetivo de identificação e reconhecimento humano, o de um lado vê o outro como antagonista, como inimigo, coisa a ser submetida e dominada e cuja integridade precisa ser destruída. (Vasconcelos, 1998, p. 30)

Também indesejada é a postura do professor liberal, ou seja, do docente que, com medo de se tornar autoritário, acaba sendo permissivo, deixando os alunos à vontade, sem limites e regras de convivência que norteiem as relações entre o professor e os alunos e entre os próprios alunos. Normalmente, o professor liberal, com medo de reprimir e no desejo de ser aceito pelos alunos, acaba se omitindo, deixando o aluno à sua própria sorte, postura que lhe traz graves consequências, pois, com o passar do tempo, acaba não conseguindo atuar, tamanha a indisciplina que se estabelece em suas aulas.

Entre as duas posturas acima citadas, está a do professor que constrói sua autoridade pela competência, que atua num ambiente de liberdade, mas com responsabilidade. Geralmente é um docente que prima por uma relação pautada no respeito mútuo e que é percebido pelos alunos com admiração, pois:

... a admiração está na origem do amor e do temor sentidos pelo sujeito que respeita o outro, é o sentimento que promove a identificação entre a pessoa respeitada e a que respeita. Nesse sentido, podemos compreender que a constituição da autoridade em um grupo está mediada pelo sentimento de respeito que por ela nutrem os demais membros do grupo, a partir da admiração. (Araújo, 1999, p. 42)

Estas posturas antagônicas explicam o fato de alguns professores terem um ótimo relacionamento com uma turma que outro professor afirma ser indisciplinada, sem respeito pelo professor, entre outras tantas reclamações costumeiras.

Cabe ao PCP verificar como são as relações entre os professores e os alunos, pois nessa dinâmica pode estar o fator desencadeador de muitos conflitos que se apresentam nas escolas. Para isso, o PCP pode assistir às aulas, observar o horário de entrada e o intervalo dos alunos, procurando ouvir o que dizem, fazer reuniões com os representantes de classe, ou seja, por meio de várias estratégias, pode o PCP constatar quais são as concepções de disciplina dos professores que acabam influenciando as relações interpessoais em sala de aula.

Vale ressaltar que essas observações só fazem sentido numa perspectiva de ajuda aos docentes com dificuldades em administrar problemas de indisciplina, no sentido de levá-los a repensar sua postura, pois seria uma contradição se essas informações viessem a ser utilizadas também de forma autoritária por parte da direção da escola.

c) O professor e o adolescente

Muitos professores costumam reclamar dos adolescentes, afirmando que trabalhar com eles está cada vez mais difícil. O que observamos é que a grande maioria dos docentes parece ter esquecido os dilemas, inseguranças e inquietações que tiveram na época em que foram adolescentes.

Esta falta de empatia com o adolescente piora ainda mais a relação entre os docentes e os jovens, se considerarmos a falta de conhecimento dos professores sobre a adolescência como processo em que, segundo Knobel (1998), vários desequilíbrios e instabilidades são constantes. A tendência grupal, a atitude social reivindicatória, a necessidade de intelectualizar e fantasiar etc. são comportamentos normais, o que Knobel (1998) designou como "a síndrome da adolescência normal".

O conhecimento dessas características, entre outros aspectos, pode ajudar o professor na sua relação cotidiana com os jovens, pois vários comportamentos dos adolescentes podem ser entendidos melhor se o professor tiver o conhecimento necessário das características e dos porquês de algumas atitudes deles e, em decorrência disso, evitar atritos desnecessários.

Muitas das atitudes de indisciplina, e até mesmo de violência em sala de aula, podem ter origem na falta de habilidade do professor em administrar situações de conflito com os adolescentes. Um docente, por exemplo, que grita e humilha um aluno adolescente perante a turma está, com certeza, arranjando um problema de difícil intermediação. Isso porque, para um adolescente, um dos aspectos que mais valoriza é ser aceito, respeitado e admirado pelo grupo de jovens com quem convive, e qualquer situação que o coloque em evidência de forma negativa perante o grupo irá provocar uma reação de desafio à autoridade do professor, podendo fazê-lo agir até com força agressiva.

Várias outras alternativas mais adequadas e respeitosas poderiam evitar o conflito acima exemplificado, pois é na escola que os professores podem, por meio do diálogo, ir além de ensinar conteúdos, ou seja, podem educar o jovem numa perspectiva de conscientização, pois, como destaca Trípoli (1998), em pesquisa realizada, constatou-se que para os adolescentes,

> Mais do que lugar para aprender e preparar-se para o futuro, a escola é lembrada como lugar onde se realiza a socialização. (...) Na escola, os adolescentes falam de suas angústias, de seus problemas e sucessos, e são ouvidos principalmente por seus pares. Há também uma realização social com os demais atores, como funcionários, coordenadores, diretores e professores: é a segunda casa. (Trípoli,1998, p. 145)

d) As propostas de trabalho em sala de aula

Muitas das questões de indisciplina em sala de aula provêm da inadequação de como o trabalho do professor está sendo desenvolvido. Vários fatores podem estar criando o desinteresse do aluno pela matéria, entre eles: o professor centraliza e monopoliza a fala, com aulas demasiadamente expositivas; preocupação excessiva com o silêncio, desconsiderando que a motivação pode causar euforia e que se pode realizar um trabalho significativo sem a exigência de silêncio extremo, entre outros.

Uma proposta inadequada de trabalho dificulta a atuação do docente, pois

É comum o professor se preocupar em demasia com as exigências relativas ao aluno — a disciplina —, mas esquecer-se da contrapartida necessária: um ensino significativo, participativo. Com o tipo de curso que propõe/impõe — desvinculado da realidade, passivo — o professor pode acabar sendo um dos mais sérios fatores indisciplinadores. (Vasconcelos, 1998, p. 77)

O PCP deve investigar as concepções de ensino e de aprendizagem que norteiam o trabalho dos professores de sua unidade escolar, para que possa verificar que aspectos devem ser trabalhados em formação continuada, aspecto que abordaremos adiante.

Após uma observação cuidadosa dos aspectos que podem desencadear problemas de indisciplina em sala de aula, o PCP pode atuar de maneira mais consciente e consequente, pois sua ação vai estar pautada na realidade de seu contexto escolar. Vale lembrar que vários outros aspectos podem ser foco de pesquisa por parte do coordenador, contemplando as necessidades da escola em que atua. Os tópicos que elencamos são, em nossa avaliação, os mais frequentes.

Da investigação à ação: uma proposta de intervenção

Diante dos dados coletados, o PCP pode, em conjunto com a equipe escolar, construir um projeto visando à superação do problema. Nesta etapa, é importante garantir a participação de toda a comunidade escolar, pois projetos impositivos vindos da direção e/ou da coordenação pedagógica acabam não sendo legitimados pelo grupo, sendo, provavelmente, fadados ao fracasso.

Várias ações podem ser planejadas, abrangendo pais, alunos, funcionários, professores e equipe técnica. O nosso enfoque será na formação dos docentes, pois grande parte da permanência dos alunos na escola se realiza no contato direto com os professores e, invariavelmente, são os docentes que mais estão expostos a atitudes de indisciplina e à violência dos alunos. Nessa perspectiva, acreditamos que não basta a direção intervir em situações de conflito em sala de aula, e sim garantir aos professores uma percepção mais ampliada sobre o problema, para que possam atuar com autonomia e autoridade na intermediação junto aos alunos.

Nesse sentido, um espaço privilegiado para a formação continuada dos professores na rede pública estadual é o HTPC (Horário de Trabalho Pedagógico Coletivo), momento em que os docentes e a coordenação pedagógica organizarão e darão vida ao projeto.

É nesse espaço que as observações do PCP quanto às concepções de disciplina dos professores, a relação professor–aluno, o conhecimento dos professores sobre adolescência, as propostas de trabalho em sala de aula, entre outros aspectos, irão ajudar na condução das reuniões e nas reflexões que se fazem necessárias à equipe.

Esse trabalho pode ser conduzido em momentos distintos, entre os quais:

- Momentos de estudo de textos de autores que discutam a problemática da indisciplina na escola, práticas pedagógicas, adolescência etc. É de fundamental importância que as reflexões sejam pautadas em estudos, procurando superar o senso comum, os "chavões" e a visão estereotipada comum entre o corpo docente acerca dos temas acima citados.

- Momentos de análise e reflexão de situações concretas, vivenciadas pelos professores em sala de aula, procurando buscar alternativas para a intermediação de situações de conflito, bem como de propostas e de posturas e ações em grupo, tendo como referência o estudo dos textos trabalhados anteriormente.

- Troca de experiências bem-sucedidas em situações de relacionamento interpessoal em sala de aula, como também de propostas didáticas adequadas às diferentes faixas etárias e conteúdos.

Referências bibliográficas

ARAÚJO, Ulisses F. Respeito e autoridade na escola. In: AQUINO, J. G. (org). *Autoridade e autonomia na escola: alternativas teóricas e práticas.* São Paulo: Summus, 1999.

KNOBEL, A. M. *A adolescência normal.* Porto Alegre: Artmed, 1992.

RIOS, Terezinha A. *Compreender e ensinar: por uma docência da melhor qualidade.* São Paulo: Cortez, 2001.

TRIPOLI, Suzana G. *A arte de viver dos adolescentes.* São Paulo: Arte e Ciência, 1998.

VASCONCELOS, Celso dos S. *Disciplina: construção da disciplina consciente e interativa na sala de aula.* São Paulo: Libertad, 1998.

Trabalhar com as famílias: uma das tarefas da coordenação

Luzia Angelina Marino Orsolon*
luziamor@pucsp.br

"A família está cada dia mais omissa, mais ausente da educação dos filhos."
"Agora temos também que dar conta disso?"
(Referência a um aluno que foi agredido pela mãe.)
"O pai entra na escola para atrapalhar."
"Lá vem aquela de novo, do que será que vem reclamar?"
"Pedro não vai bem porque sua família é totalmente desestruturada."
*"É preciso chamar os pais de Maria, pois está insuportável em sala de aula."***

---

* Diretora pedagógica do Colégio Assunção de São Paulo. Doutoranda do Programa de Estudos Pós-graduados em Educação: Psicologia da Educação, PUC-SP.
** Falas de professores e coordenadores coletadas em escolas.

Exagero? Não! Recortes de falas de professores e coordenadores de escolas das redes pública e particular de ensino. Absurdo? Não! Dados de realidade que nos convocam a pensar seriamente a relação que família e escola têm estabelecido e que podem vir a estabelecer.

Para entender e buscar pistas para superar essa situação, é necessário fazermos breves considerações sobre o cenário socioeducacional em que vivemos.

A educação para todos, ou o movimento de democratização da educação, tem trazido para a escola um conjunto diferente de alunos quanto à origem socioeconômica, à etnia, aos valores, às demandas e necessidades; e a escola, tanto em relação à sua organização como em relação à sua gestão e seus docentes, não se encontra preparada para recebê-los.

A família não ficou imune às mudanças sociais mais amplas e tem delegado para a escola, cada vez mais, funções educativas que historicamente vinha exercendo, tais como a formação de valores morais, a criação e o fortalecimento de vínculos, a colocação de limites, entre outras.

As funções da coordenação pedagógica e da orientação educacional estão sendo repensadas na direção de um trabalho articulado e integrado de coordenação, e, neste caso, funções que eram atribuições exclusivas da orientação educacional, como o trabalho com os pais e com a família, sobretudo para colocá-los a par da situação escolar de seu filho, hoje estão ampliadas. A participação dos pais na escola pode ocorrer, no âmbito individual, no sentido de buscar e receber orientações sobre a caminhada escolar do filho; e, no âmbito coletivo, quando eles podem contribuir com a gestão da escola, como membros do conselho escolar, da associação de pais e mestres ou de outro canal de participação previsto no projeto político-pedagógico.

Este cenário mostra-nos que, de maneira geral, vivemos uma crise que envolve família e escola: esta, abrindo espaços de participação (gestão democrática) para uma comunidade que ainda não está habituada à prática participativa; a família, por sua vez, exigindo da escola o que ambas ainda não sabem como resolver;

e a coordenação pedagógica, revendo suas funções em relação ao trabalho com os pais. O que fazer? Infelizmente não há fórmulas. Trago para este texto algumas ideias, gestadas no cotidiano de meu trabalho como coordenadora pedagógico-educacional e como professora em um curso de formação inicial de coordenadores pedagógicos, a respeito do trabalho da coordenação na relação família–escola. A proposta é o diálogo com o leitor, para que possamos ampliar essa experiência e encontrar pistas para encaminhar o desafio de trabalhar com as famílias no espaço da escola.

O coordenador pedagógico-educacional, um dos atores da escola, conseguirá desencadear um trabalho transformador à medida que realizar uma "ação intencional, em conexão com a organização e gestão escolar e um trabalho coletivo, integrado com os atores da comunidade escolar" (Orsolon, 2001, p. 19). Os alunos e as respectivas famílias são atores, fazem parte dessa comunidade.

Acredito que a relação família–escola deva ser uma *relação de parceria*. A parceria constitui o encontro de diferentes para realizar um projeto comum. A parceria em questão é a educação da criança ou do adolescente, filho e aluno, o que significa assumir juntos essa educação. A relação de parceria supõe confiança mútua e cumplicidade. Isto é, conversas, trocas, discussões dos problemas e assunção conjunta das decisões tomadas.

Essa tarefa não está isenta de dificuldades e conflitos, pois as estratégias educativas adotadas pelas famílias podem se apresentar complementares às da escola, mas podem também ser distintas, uma vez que toda tomada de posição é permeada e reveladora de concepções, valores, contextos socioeconômicos e modelos educativos diversos. Assim sendo, teremos alunos e pais atuando de acordo com padrões de comportamento que poderão, ou não, ser os da escola, bem como trazer expectativas e demandas diferenciadas e, muitas vezes, difíceis de ser conciliadas.

Portanto, para que o trabalho de parceria se efetive, é necessário que escola e família se deem a conhecer mediante o exercício do diálogo, a fim de estabelecerem estratégias educativas comuns.

Um dos responsáveis por essa interlocução e pela mediação dos possíveis conflitos entre a escola e as famílias é o coordenador pedagógico-educacional. Suas ações alcançarão as metas de maneira satisfatória, sem preconceitos, com boa qualidade, quanto maior for o conhecimento que tiver de seu interlocutor, quanto mais puder perceber e conhecer o seu contexto, sua história constitutiva e compreender o que deseja, para além daquilo que procura expressar. É necessário também que haja clareza, nessa interlocução, sobre o projeto político-pedagógico da escola, sobre as possibilidades e os limites do papel da coordenação, disponibilidade para refletir sobre o seu fazer, para que a sua prática seja cada vez mais consciente. Essas condições sinalizam aos coordenadores que o processo educacional democrático, do qual a parceria é uma estratégia de participação, está inserido num processo social mais amplo, reforçando a dimensão política de suas ações.

Portanto, as práticas de coordenação pedagógico-educacional participativas e emancipadoras, que se dão no interior da escola, não estão à margem das relações sociais mais amplas. Nesse sentido, elenco algumas *diretrizes* fundamentais para que o coordenador pedagógico-educacional observe, como um dos agentes articuladores do trabalho coletivo na escola e responsável pela mediação das relações da família com a escola.

Compreender as diferentes configurações familiares e relacionar-se com elas sem preconceito

Grande parte das famílias presentes no cotidiano das escolas não corresponde à imagem de família *bonita*, boa, harmoniosa, desejável, veiculada pela mídia, sobretudo nas propagandas. O que temos encontrado são famílias com composições diferentes desse modelo nuclear idealizado, constituídas a partir das situações reais e não ideais. É a *família vivida* (Szymanski, 2002), cuja maneira de pensar e agir reflete as várias soluções e arranjos encontrados para as situações vividas concretamente.

Conhecer o lugar social das famílias dos alunos

O comportamento das famílias caracteriza-se conforme a camada social a que pertencem. Dessa maneira, muitos pais presentes na rede particular de ensino, devido à situação econômico-financeira e à escolaridade privilegiadas, tendem a se relacionar com a escola como consumidores de um serviço, fazendo críticas e cobranças que aqueles da rede pública não se arriscariam a fazer, pois relacionam-se com a escola de maneira obediente e submissa. Essa situação precisa ser desvelada e a equipe escolar deve posicionar-se, pois parte daí o norteamento da maioria das ações e intervenções da coordenação junto às famílias.

Identificar os modelos educativos que norteiam as ações educativas das famílias e da escola

Apesar de os modelos não serem encontrados na sua forma pura, identificá-los nas práticas educativas da família e da escola é fundamental para o coordenador mediar as relações escola-família.

Bouchard (apud Szymanski, 2001, p. 65), aponta três modelos: 1) O modelo racional, que se caracteriza pelas relações hierárquicas entre pais e filhos. "Dão muita importância à disciplina, à ordem, à submissão, à autoridade... Orientam mais para o conformismo social do que para a autonomia". 2) O modelo humanista, caracterizado pelo posicionamento dos pais como guias, delegando para os filhos o poder de decisão. "Permite e estimula-se a livre expressão das emoções pelos filhos, encoraja-os nos seus empreendimentos, reconhece e valoriza suas potencialidades, favorece a autonomia e a autodeterminação nos seus filhos". 3) O modelo *simbiossinérgico* (*símbio* — associação durável e reciprocamente proveitosa entre dois ou mais seres vivos"; *sinérgico* — corresponde aos recursos das pessoas e à ação coordenada de muitos):

(...) respeitam os deveres e direitos de pais e filhos, partilham responsabilidades cotidianas, desenvolvem uma consciência social (além das paredes da casa), trocam com os filhos suas experiências, emoções e sentimentos. Explicam as consequências das ações das crianças, reconhecem seus próprios erros.

Os modelos apresentados acima, nas relações entre pais e filhos são, segundo Szymanski, repetidos nas relações da escola com os pais. Dessa maneira:

na tendência do modelo racional, as escolas se portam como as detentoras do poder de decisão e do conhecimento. É de se esperar choques com os pais que seguem outras tendências. Na tendência humanista, há uma crença nos recursos das famílias, acatam-se suas decisões e há uma aceitação empática de sentimentos e emoções. Já na simbiossinérgica, há a valorização da interdependência, da reciprocidade e da cogestão. (2002, p. 66)

O espaço previsto para a participação da família na gestão escolar

A gestão democrática prevê a participação da comunidade de pais na gestão da escola. Nas escolas públicas, encontramos o Conselho de Escola e a Associação de Pais e Mestres como os canais previstos para essa participação. Nas escolas particulares, cada projeto e cada regimento devem contemplar um espaço. O conhecimento dessas possibilidades pelo coordenador é fundamental para a realização do trabalho coletivo e para a implementação da gestão democrática.

O trabalho de parceria com a família constrói-se com e no coletivo da escola, mediante a articulação dos diferentes atores da organização, na complexidade e na dinamicidade das relações, nos espaços previstos pela organização e nos espaços reivindicados. É um trabalho intencional da coordenação, que precisa ser planejado, discutido com a equipe docente e não docente e compartilhado com as famílias. Insere-se no projeto político-pedagógico da escola e, nesse sentido, é vivenciado, construído e reconstruído a todo momento, juntamente com o processo educacional.

Portanto, as ações coordenadoras de parceria nas relações família–escola, quando se pretendem transformadoras da situação vigente, precisam considerar a especificidade e a complexidade dos universos escolar e familiar, a sociedade na qual estão inseridos e a capacidade e a disponibilidade do coordenador para ouvir, escutar, saber fazer, tolerar, instigar, dialogar, buscar parcerias...

A família está cada dia mais omissa, mais ausente da educação dos filhos.
Agora temos também que dar conta disso? (Referência a um aluno que foi agredido pela mãe.)
O pai entra na escola para atrapalhar.
Lá vem aquela de novo, do que será que vem reclamar?
Pedro não vai bem porque sua família é totalmente desestruturada.
É preciso chamar os pais de Maria, pois está insuportável em sala de aula.
Exagero? Absurdo? Não! Possibilidades e desafios de trabalho para a coordenação pedagógico-educacional na relação com as famílias.

Referências bibliográficas

ORSOLON, Luzia A. Marino. O coordenador/formador como um dos agentes de transformação da/na escola. In: ALMEIDA, L.R., PLACCO, V. *O Coordenador pedagógico e o espaço da mudança*. São Paulo: Loyola, 2002.

SZYMANSKI, Heloisa. *A relação família/escola: desafios e perspectivas*. Brasília: Plano Editora, 2001.

Edições Loyola

editoração impressão acabamento

Rua 1822 n° 341 – Ipiranga
04216-000 São Paulo, SP
T 55 11 3385 8500/8501, 2063 4275
www.loyola.com.br